DU CALEMBOUR
AU MOT D'ESPRIT

JEAN CAZENEUVE

de l'Institut

DU CALEMBOUR AU MOT D'ESPRIT

ÉDITIONS DU ROCHER

Jean-Paul Bertrand

ISBN 2 268 02306 0

INTRODUCTION

Le comique n'est abordé ici que sous ses formes verbales. Il ne sera donc pas traité de ses autres manifestations telles que la caricature, les gestes, les déguisements, les jeux de scène, les grimaces. On ne citera pas les discours ou les longues tirades qui exigeraient un volume d'une autre dimension.

La classification adoptée, comme l'indique le titre, est celle qui va dans le sens du plus rudimentaire au plus élaboré. Dans cette progression, il était, certes, naturel de commencer par le calembour pour aboutir à ce qu'on appelle mot d'esprit.

Cependant, il ne faudrait point y voir une condamnation du jeu de mots qui, parfois, peut être brillant, alors que le mot d'esprit n'est pas toujours de très haut niveau. À vrai dire, il s'agissait surtout de partir des exemples qui, par leur simplicité, permettent de dévoiler d'emblée les moyens ou les mécanismes par lesquels le langage cesse d'être sérieux.

Un premier chapitre résumera la théorie par laquelle nous croyons pouvoir rendre compte, dans son ensemble et à tous les degrés, de ce qui constitue le comique.

1

LES CLEFS DU COMIQUE ET SA FONCTION

Pourquoi rit-on, de quoi rit-on ? Ces questions ne sont pas aussi mineures qu'on pourrait le croire. D'ailleurs d'éminents philosophes ont tenté d'apporter des réponses. Il est assez étrange qu'elles ne fassent pas appel, en général, à la joie qui, pourtant, semble bien se marier avec l'hilarité. Par exemple, l'un des plus brillants philosophes qui se soient attaqués à ce sujet voit plutôt là une sorte de punition. En effet, le rire, selon Bergson, est une réaction du groupe social pour sanctionner ce qui lui déplaît et principalement la raideur, le manque de souplesse. Comme rien n'est comique en dehors de ce qui est humain, on peut dire que la source du rire, c'est « du mécanique plaqué sur du vivant », selon la théorie bergsonienne.

C'est le cas, par exemple, d'un « personnage qui suit automatiquement son chemin sans se soucier de prendre contact avec les autres ». Ainsi, dans la comédie de Molière, *Le Misanthrope,* Alceste est risible parce qu'il fait preuve d'une sincérité sans nuances, inadaptée à son entourage.

Un autre exemple très caractéristique cité par Bergson à l'appui de sa théorie, est celui de l'individu qui, dans la rue, bute sur une pierre, trébuche et tombe. Les passants rient parce que cet incident a révélé la raideur de ce marcheur.

En définitive, selon ce grand philosophe, « la raideur est le comique ; le rire en est le châtiment[1] ».

Cette interprétation générale est, à vrai dire, très peu bergsonienne. Elle ne considère pas le rire comme une réaction joyeuse, mais comme un mouvement de mauvaise humeur, déclenché par un spectacle désagréable. Dans ce cas, ce ne serait pas le triomphe de la liberté qui ferait rire ou sourire, mais au contraire son étouffement par la raideur, l'automatisme. L'élan vital cher à Bergson ne ferait jubiler personne, mais on s'esclafferait en le voyant écrasé par les forces de l'inertie.

Il semblerait donc plus conforme à l'idéalisme et au vitalisme bergsoniens de retourner complètement sa théorie du rire et de dire que le comique c'est non pas le mécanique plaqué sur du vivant, mais bien au contraire le vivant faisant la nique au mécanique et le recouvrant de son impétuosité.

Cependant, Bergson a certainement beaucoup contribué à éclaircir le mystère du comique en cherchant la clef dans le contraste entre l'automatisme et la spontanéité, entre le déterminisme et la liberté. Mais il semble qu'il ait inscrit à l'envers le rapport entre les deux termes de ces oppositions.

1. Henri Bergson, *Le Rire,* Félix Alcan, 36e édition, 1931, p. 21

Il serait bien plus naturel et plus satisfaisant pour l'esprit de voir dans le rire ou le sourire une manifestation d'allégresse devant une sorte de revanche de la vie et de l'imprévu sur tout ce qui est routine, déroulement programmé, mécanisme immuable.

Or, c'est précisément à cette conclusion que l'on est conduit lorsqu'on tente de trouver les principes généraux du comique à travers de nombreux exemples.

Pour commencer, on pourrait reprendre celui que Bergson choisissait pour illustrer sa théorie du mécanique plaqué sur du vivant. On peut d'abord se demander si le spectacle d'un homme qui, dans la rue, fait une chute brutale est toujours risible. En réalité, il ne l'est guère que si cette personne est particulièrement guindée, si elle donne l'apparence d'une mécanique, d'une sorte de robot ambulant. Ce qui porte à rire, c'est alors le fait que la pierre sur laquelle il bute et trébuche introduit de l'imprévu dans le déroulement d'une marche trop machinale. S'il en est ainsi, c'est bien la vie qui fait irruption et trouble le mécanisme, et non pas l'inverse.

Mais cet exemple n'est peut-être pas le mieux choisi, puisqu'il n'a qu'un rapport contestable avec le comique.

Dans les chapitres qui vont suivre, le principe du risible sera plus aisément mis en évidence, puisqu'il s'agira d'expressions orales ou écrites. Le fil conducteur des explications ici proposées aura son origine dans le principe selon lequel le rire et le sourire sont étroitement liés à la joie de vivre plutôt qu'à l'on ne sait quelle réaction de défense et de censure. D'ailleurs plusieurs recherches médicales et physiologiques démontrent que cette décharge nerveuse, cette détente plus ou moins active des muscles du visage, en particulier du grand et du petit zygomatique, accompagnés du risorius, est plutôt bénéfique pour la santé. Quant au sourire qui met en jeu le buccinateur et divers muscles de la face, il constitue la réaction à une excitation légère du facial et il est à juste titre considéré comme une manifestation du plaisir à moins qu'il ne soit le fruit d'une éducation destinée à faciliter et agrémenter les relations sociales. On ne s'étonnera pas que ces processus physiologiques généralement bénéfiques servent en somme à saluer les victoires de la liberté sur l'automatisme plutôt qu'à sanctionner ses défaites.

Mais encore faut-il que les mécanismes, les déterminismes ainsi bousculés par le comique ne soient pas des nécessités vitales. Il faut que le rire salue plutôt des simulacres d'ébranlement en ce qui concerne les règles nécessaires. En définitive, pour faire rire sans regret, la mise à mal des déterminismes doit rester sur le mode ludique.

Ainsi, le comique peut être défini comme un jeu de l'esprit qui rafraîchit notre existence plus ou moins routinière.

Enfin, n'oublions pas de signaler que ces jeux, quand ils deviennent très subtils, très spirituels, peuvent rester dans le domaine du comique sans pour autant susciter le rire ni même parfois le sourire apparent. On peut alors parler d'une sorte de sourire intérieur d'autant plus que la bonne éducation nous conduit parfois à ne point manifester notre contentement. Les zygomatiques servent à extérioriser la joie d'une libération ; mais on peut, à la rigueur, apprécier la drôlerie sans mobiliser les muscles du visage. Le pince-sans-rire peut être un joyeux luron.

2

LE CALEMBOUR ET SES DÉRIVÉS

Quand on s'intéresse au comique verbal, le mécanisme qui se présente en première ligne, c'est le vocabulaire lui-même, ou plus exactement le lien solide entre les mots, les phrases et leur signification.

Il ne serait pas possible de s'exprimer oralement ou par écrit si le sens de ce qu'on dit ou écrit n'était pas, en gros, bien déterminé. Alors une bonne plaisanterie consiste tout simplement à jouer avec ce parallélisme entre phonème et signification. Vous croyez que tel mot, telle partie de vocable veut dire ceci ou cela. Eh bien, ô surprise ! Ce n'est pas exact car je m'amuse à détraquer le mécanisme. Cependant, n'ayez aucune crainte. Il s'agit d'une simple plaisanterie, et vous pourrez, en toute sécurité, continuer à vous fier au vocabulaire usuel.

La manipulation la plus simple et la plus évidente du langage s'appelle calembour[1]. C'est un cas particulier du jeu

1. Le mot calembour viendrait du nom de Kahlenberg, qui parlait mal le français.

de mots qui reste au ras des syllabes et qui joue sur les sons plus que sur les significations, n'atteignant celles-ci que secondairement. Le dictionnaire de Littré, que reprend à peu près celui de Robert, propose la définition suivante : « Jeu de mots fondé sur une ressemblance de sons et une différence de sens. »

Le calembour a mauvaise réputation. Il la doit en grande partie au jugement sévère de Victor Hugo que l'on répète volontiers et selon lequel c'est « la fiente de l'esprit ».

Mais il faudrait nuancer la portée de cette condamnation. D'abord, notre grand écrivain a mis ces mots dans la bouche d'un personnage de son roman *Les Misérables.* Or, un auteur ne prend pas nécessairement à son compte ce qu'il fait dire aux héros de ses œuvres de fiction. C'est Félix Tholomyès qui, au chapitre 7 du livre 3 de la première partie déclare : « Le calembour est la fiente de l'esprit qui vole. » En outre, on oublie de citer aussi les phrases qui font suite à ce jugement péremptoire. En effet, Tholomyès ajoute : « Loin de moi l'insulte au calembour ! Je l'honore dans la proportion de ses mérites ; rien de plus. Tout ce qu'il y a de plus auguste, de plus sublime et de plus charmant dans l'humanité [...] a fait des jeux de mots. Jésus-Christ a fait un calembour sur saint Pierre, Moïse sur Isaac, Eschyle sur Polynice, Cléopâtre sur Octave. Et notez que ce calembour de Cléopâtre a précédé la bataille d'Actium et que, sans lui, personne ne se souviendrait de la ville de Toryne, nom grec qui signifie cuiller à pot. »

La preuve que Victor Hugo ne méprisait pas les jeux de mots, c'est qu'il en commis dans ses œuvres un assez grand nombre, parmi lesquels on peut citer ceux-ci :

« Dis-moi qui tu hantes, je te dirai qui tu hais. » « C'est triste et commun, un homme ruiné qui épouse une femme en ruine. » « Le poète : Ah ! je suis moulu — Maglio : Vous êtes plus moulu que lu. »

Et même ces quatre vers dont la fin est à peine présentable :

Mac-Mahon, tant de fois vaincu,
Es-tu donc avide de gloire
Au point de jouer dans l'histoire
Le même rôle que Monck eut[1].

En outre, Victor Hugo aimait trouver des rimes qui ressemblaient à des jeux de mots, telles que celles-ci :

Elle inclina son cou de cygne
Signe
Qu'elle trouvait le vieux corbeau
Beau[2]

Dans le genre des rimes riches et proches du calembour, la perfection est réalisée par ces deux vers, en totale allitération et devenus classiques :

Gal, amant de la reine alla, tour magnanime,
Galamment de l'arène à la tour Magne, à Nîmes.

1. Monck, général anglais, servit sous Charles Ier puis sous la République et négocia le retour de Charles II (1660).
2. Cf. G. Elgozy, *De l'humour*, Denoël, 1979, p. 112.

Le calembour est cette variété de jeu de mots qui se fonde sur les phonèmes plutôt que sur le double sens. On pourrait en trouver de nombreuses illustrations plus ou moins drôles. Sont-elles vraiment comiques ? Sans doute ne déclenchent-elles pas à coup sûr des éclats de rire. Mais elles peuvent amuser, et elles sont bien des exemples du jeu qui dérègle le vocabulaire. Voici, un peu au hasard, quelques perles dans ce registre :

Question : « Pourquoi Gounod détestait-il Verdi ? — Réponse : C'est parce qu'au moment où il faisait l'*Ave Maria,* Verdi faisait *Otello.* »

« Plus les galets ont roulé, plus ils sont polis. Pour les chauffeurs, c'est le contraire. »

« Le champagne est un vin très vieux, car sa mousse tache et grise. »

« L'amour a vaincu Loth. »

« Le chat : "Je cherche un remède pour matou". »

« Un nain qui a de nombreux enfants est un nain puissant. »

« Les Italiens sont un peuple très ancien, car ils ont Milan. »

« Comment se chauffer sans combustible ? Prendre une statuette de Napoléon, lui casser un bras, et l'on obtient ainsi un Bonaparte manchot. »

« Pourquoi les domestiques aiment-ils la musique ? Parce qu'ils préfèrent un domicile à sol facile à cirer. »

À la chambre des députés, Berryer reprochait au ministre Guizot d'avoir accompagné Louis XVIII à Gand pendant les Cent Jours, ce qui déclencha un tumulte sur les bancs de l'opposition. Le député Dupin mit les rieurs de son côté en déclarant : « Voilà un bien grand orage pour un petit tour à Gand. »

On ne saurait parler du calembour sans évoquer le marquis de Bièvre, ce spécialiste que l'on aura l'occasion de citer à un autre propos dans ce livre, car il est l'auteur d'un recueil de bons mots.

En 1747, Georges François Mareschal, marquis de Bièvre, avait bénéficié des bienfaits de Louis XV qui érigea en marquisat la terre de Bièvre. Peut-être le roi voulait-il ainsi rendre hommage à ce virtuose des jeux de mots. C'est lui qui disait par exemple : « De quelle secte philosophique sont les puces ? De la secte d'Épicure. Et de quelle secte sont les poux ? De la secte d'Épictète. » Parlant d'un portrait de sa maîtresse qu'il jugeait raté, il disait du peintre : « Ce maladroit a fait une croûte de ma mie. »

De nombreux auteurs, parmi les meilleurs, ont sacrifié à ce type d'amusement. On doit à Cocteau quelques purs calembours, notamment ceux-ci :

« Le crocodile croque Odile — Ariane, masseur... — Je suis née grecque, je suis l'aînée, j'ai le nez grec, le nez d'Énée. »

D'aussi noble source, c'est-à-dire du poète Franc Nohain, on peut citer un petit texte dont les calembours sont tellement simplistes qu'ils en sont presque plus risibles. Le voici :

Appétit vigoureux, tempérament de fer,
Member languit, Member se meurt
Qu'a Member ?
Hé Momille, bonjour. Comment va ta famille ?
Le papa, la maman ? Tu pleures, jeune fille,
Qu'a Momille ?

Je viens de rencontrer, allant je ne sais où,
Outchou, le professeur qui courait comme un fou
Qu'a Outchou ?

On se demande pourquoi Franc Nohain n'a pas enrichi ce brillant poème d'une strophe plus à propos, qui pourrait être celle que voici :

Lembour m'agace et me plaît tour à tour
Mais quel est cet esprit auprès duquel il court ?
Qu'a Lembour ?

Dans la série des grands auteurs qui n'hésitent pas à signer d'aussi faibles plaisanteries, n'oublions pas Boris Vian qui n'était pas toujours d'humeur à aller cracher sur les tombes, puisqu'il osait écrire : « Qu'est-ce que fait le berger quand sa porte est fermée ? Il va chercher la clef au pâtre » ; ou bien encore : « La chute d'Adam et Ève, c'est une erreur de Genèse. » Jean Cocteau est l'auteur de quelques perles de même niveau : « Moi, je trouve qu'Aligue a tort — Le chercheur dort. Je crois bien que Caï ment » — Georges Elgozy trouvait que les militants syndicaux étaient « des piqués de grève ».

Retrouvons l'inépuisable marquis de Bièvre qui, observant des joueurs de tric-trac, leur donnait ce conseil : « Le jeu est nuisible à la santé, surtout pour les joueurs sans gain. »

Le chansonnier Bernard Gauthron de passage au Casino de Trouville par un jour de pluie diluvienne termina son numéro par ces mots : « Vous pourrez dire : "Ce garçon est venu ici. Il a beaucoup plu." »

Restons dans les classiques, en rappelant le calembour placé dans la bouche du berger Pâris par les auteurs de *La Belle Hélène,* à propos du grand devin : « Les cornichons sont confits dans du vinaigre, tandis que Calchas est confident du roi. »

Dans le monde de la politique, le député Dupin, précédemment cité, eut de nombreux émules. Lloyd George, pour déplaire à un collègue français, lui déclara : « Vous autres, Français, vous êtes des vaniteux. Mais prenez garde, entre la vanité et le ridicule, il n'y a qu'un pas ! » Aristide Briand, toujours prompt à la riposte, lui répondit : « Oui. Le pas de Calais. »

Au passage, rappelons que ce terme de géographie a suscité d'autres plaisanteries, notamment dans l'histoire du touriste qui veut se rendre à Calais et qui, voyant sur sa route, à l'entrée du département, un panneau indiquant « Pas-de-Calais », fait demi-tour[1].

Revenons aux hommes politiques après ce détour au pays des célèbres bourgeois. Un chef d'État demeuré très longtemps au pouvoir fit établir son bulletin de santé que l'un de ses ennemis commentait en ces termes : « Il a surtout trop d'urée. »

Citons maintenant un peu en vrac des calembours puisés à diverses sources :

« Pourquoi le tailleur n'est-il pas dans sa boutique ? Précisément parce qu'il est ailleurs. »

« Quelle est la différence entre Paris, un ours blanc et Virginie ? Aucune, car Paris est métropole, l'ours blanc aime être au pôle et Virginie aimait trop Paul. »

1. Coluche.

« Quelle différence y a-t-il entre la lettre A et un clocher ? Le A est une voyelle, quant au clocher, c'est là qu'on sonne. »

Un garçon d'écurie peut dire : « Je panse, donc j'essuie. »

Quelques calembours sont devenus des proverbes, comme celui-ci à l'adresse des paresseux : « Trop au lit pour être honnêtes. » Pour les lecteurs connaissant la langue de Goethe, voici une homophonie qui pourrait rivaliser avec le célèbre « Gal amant de la reine ». Il s'agit de définir la jalousie : *« Die Eifersucht ist eine Leidenschaft die mit Eifer sucht was Leiden schaft. »*

On a déjà dit que certaines rimes très riches pouvaient faire penser à des calembours. C'est le cas de quelques vers commis par Mallarmé :

Ce me va hormis l'y taire
Que je sente du foyer
Un pantalon militaire
À ma jambe rougeoyer.

On peut faire la même remarque à propos d'une épigramme signée Théodore de Banville et visant une demimondaine entremetteuse connue sous le nom d'Alice Ozy :

Les demoiselles chez Ozy
Menées
Ne peuvent plus prétendre aux hy-
-Menées.

Et voici de nouveau, à la barre des témoins, le célèbre et primesautier Jean Cocteau avec ces vers :

Ce matin-là, c'était l'été
C'était l'été, c'est Léthé,
C'est l'enfance de l'art sur ses bords allaitée.

Le calembour peut permettre d'alléger une flatterie un peu lourde. Ainsi, la reine Marie-Antoinette rencontrant le ministre Maurepas, lui fit remarquer la simplicité de son habillement :

« Je me suis vouée à une seule couleur. Même mes souliers sont de vert tout uni — Madame, répondit ce galant homme, je ne saurais m'étonner de voir l'uni vert à vos pieds. »

Dans les exemples cités jusqu'ici, le calembour est constitué par des unions de syllabes qui produisent des mots différents mais exactement de même consonance. C'est le cas, dans ce qu'on vient de lire entre « uni vert » et « univers ».

Mais une variété ou plutôt une dérivation du calembour ne respecte pas cette complète homophonie. C'est ce qu'on nomme l'à-peu-près. Parfois on s'éloigne beaucoup de l'identité entre les deux façons d'entendre le groupe des syllabes prononcées. L'effet comique est renforcé par cette imperfection.

De nombreuses définitions humoristiques en sont la démonstration, notamment celles que propose J.-P. Grousset[1] :

« La fête des Rameaux : Beaucoup de buis pour rien. »

« Champignon : héros de la mycologie. »

1. J.-P. Grousset, *Visa pour l'humour,* Denoël, 1962, pp. 95-98.

« Homme d'esprit au caractère instable. Il a des sautes d'humour. »

« Au royaume des aveux, les cognes sont rois. »

« Jamais Dieu sans croix. »

« Un homme à vertu en vaut deux. »

« Cardinal : sous pape. »

On peut ajouter aussi : « La nourrice est un pis aller. »

Voici quelques calembours du marquis de Bièvre :

« Les marchands de vin doivent prédire l'avenir. »

« Un homme exposé au soleil s'expose au plus grand désastre. »

Quelques calembours de diverses sources :

« Une jeune fille à qui l'on remet un anneau qui aurait appartenu à Guillaume Tell déclare : “Il y a longtemps que je connais la bague à Tell.” »

« S'il fait beau tout l'été, on aura un temps détestable. »

« U est une lettre cérémonieuse, parce qu'il est après T. »

« On recherchait la compagnie de La Fontaine car c'était un homme à fables. »

« Les Carthaginois ont inventé les gants parce qu'ils craignaient l'air aux mains. »

Le marquis de Bièvre proposait, dans sa tragédie intitulée *Vercingétorix,* de mettre le temps en cage lorsqu'il est serein.

« La date la plus savante, c'est le 7 août. »

« Quelle différence y a-t-il entre un train et une gare ?

Le train part et se rend quelque part.

La gare demeure et ne se rend pas » (Cité par A. Sauvy).

Tristan Bernard, parlant d'une actrice : « Elle a fini par réussir. Mais pour se faire un nom, elle a dû souvent dire oui. »

« Féminisme : mouvement de grande envergure qui a pour but de faire remplacer dans la langue française des mots aussi machos que “Omnipotentes” par “Femmenipotent” » (Jacques Mailhot)

« J’adore l’Angleterre. Je lâcherais même la proie pour Londres. » (Alphonse Allais)

« Sexagénaire : homme entré dans l’âge du sexe. Ce n’est plus le démon de midi. C’est bien pire. » (Michel Tournier[1])

« Pourquoi dit-on d’un imbécile qu’il est borné, et pourquoi dit-on que la bêtise est sans limites ? » (Jean-Paul Toulet)

« Pourquoi expulser les gens, ou leur faire une mise en demeure ? » (Roland Bacri)

« Pourquoi une maladie aiguë est-elle toujours une maladie grave ? » (Jean Marsac)

« Les lettres anonymes sont d’une lâcheté sans nom. » (Georges Auriol)

« Dès qu’on dit “Feu Untel” c’est qu’Untel s’est éteint. » (Léo Complan)

« Pour un débiteur sans le sou, toutes les ardoises sont des tuiles. » (André Billy)

« Les coups d’État se terminent toujours par des tas de coups. » (Bernard Haller)

« La parole est d’argent, mais le silence endort. » (Yves Mirande[2])

« Complimenteur = complet menteur. » (Yvan Audouard)

1. M. Tournier, *Le Pied de la lettre,* Mercure de France, 1994.
2. On trouvera d’autres alliances entre le calembour et le paradoxe dans le livre de Jean Delacour, *Dictionnaire des pensées les plus drôles.*

Lorsqu'il était ambassadeur, Paul Claudel disait d'un de ses collègues : « Il a été envoyé en omission diplomatique. »

« Le mariage, disait Henri Duvernoy, est un petit jeu de satiété. »

On obtient aussi de bons effets d'à-peu-près en modifiant des proverbes ou aphorismes connus. Par exemple : « On n'est jamais trahi que par les chiens » — « La femme est un roseau dépensant[1] » — « L'alcôve tue lentement[2] » — « Il y a loin de la croupe aux lèvres. »

L'histoire du jeu de mots « à peu près » remonte loin dans le temps. On en trouve des exemples dans les œuvres d'Homère, d'Aristophane et de Plaute, dans les comédies de Molière, avec notamment : le carrosse amarante qui est « de ma rente ». Le docteur Cottard, personnage important dans *À la recherche du temps perdu* de Marcel Proust, faisait, dans les salons, des plaisanteries de ce niveau. Quand on lui montrait un joli bronze, il déclarait : « Bronze et un font douze ! »

À la même famille appartient une série de calembours sur les noms des mois :

« Janvier ton sort heureux. Février tes yeux dans mes yeux. Mars ou crève. Avril toi sous mon parapluie. Mai ta main dans la mienne. Juin ta force au courage... Septembre comme du poulet etc... »

Alexandre Breffort aimait parodier les titres des romans à la mode : « Ton corps est tatoué » — « Un homme se penche sur son basset. »

1. Jules Renard.
2. J.-P. Grousset.

« L'argent ne donne pas le bonheur, mais procure de bonnes heures. » (Jack Gunshia)

L'à-peu-près peut même n'être qu'un jeu de lettres. À une dame qui lui disait : « Méfiez-vous, je suis rusée », Grimm, peu galant, répondit : « C'est seulement un r que vous vous donnez. » Boris Vian se livrait à une plaisanterie douteuse en écrivant : « Retirez le q de la coquille, et vous avez un mot qui constitue précisément une coquille. »

Willy composa sur l'écrivain Georges Ohnet une fable méchante :

Un jour un passant débonnaire,
Ayant rencontré Georges Ohnet
Fut mordu soudain au poignet
Par ce romancier sanguinaire
Il conserva huit mois la trace de ses dents.
Moralité : Quand Ohnet mord, c'est pour longtemps.

Vers la fin de sa vie, Lamartine était accablé par des soucis d'argent. On répétait alors ce mot d'un détracteur : « Il a troqué sa lyre contre une tirelire. » Francis Blanche, lorsqu'un journaliste voulait, au téléphone, l'interroger sur le mécanisme du rire, se tirait d'affaire en déclarant : « Si l'on m'appelle sur ce sujet je n'y suis pour Bergson. »

Certaines façons de parler peuvent suggérer des calembours particuliers. On sait que les Martiniquais, comme jadis les Incroyables du Directoire, ont tendance à ne pas prononcer les r. Deux d'entre eux parlaient de techniques médicales et l'on en vint à citer l'homéopathie. À ce mot, l'interlocuteur s'écria : « Pauve Juliette ! »

On a pu relever dans un journal humoristique ces trois définitions :

« Talc : poudre que se jettent les orateurs. D'où l'expression : du talc au talc. »

« Artère : veine circulaire. D'où l'expression : l'artère est ronde. »

« Pastiche : imitation littéraire qu'on sert à l'apéritif. »

Pour clore ce florilège qui pourrait être interminable, situons le dernier exemple dans un cadre royal.

Henri IV était amateur de bons mots. Il lui arriva de s'arrêter pour dîner dans un village où il fit venir à sa table un certain Gaillard qui avait une réputation locale de plaisantin. « Assieds-toi en face de moi, lui dit le Vert-Galant. Comment t'appelles-tu ? — Sire, répondit le manant en s'asseyant, je me nomme Gaillard — Ha ! Ha ! Le beau nom que voilà ! Peux-tu me dire, mon ami, la différence entre Gaillard et Paillard ? — Sire, il n'y a que la table entre eux — Ventre-saint-gris ! dit Henri IV en riant... Je ne croyais pas trouver si grand esprit dans un village si petit[1]. »

Un autre wagon doit être raccordé au train des manipulations de syllabes et de lettres. C'est ce qu'on nomme les contrepèteries. Il s'agit, dans une phrase, de suggérer la permutation de deux éléments pour aboutir à une phrase toute différente. Ici, le jeu peut être à double face, car il mobilise non seulement l'ingéniosité de l'auteur, mais aussi la perspicacité du lecteur ou de l'auditeur, car, parfois, la transformation de deux mots par échange de lettres ou de syllabes n'est pas évidente et peut se présenter comme une sorte de devinette.

1. Cité par Jean Nohain, *Histoire du rire à travers le monde,* Hachette, 1965, pp. 190-191.

Il est remarquable que la très grande majorité des contrepèteries connues et publiées appartient plus ou moins au registre de la pornographie, tout au moins de la grivoiserie. En réalité, c'est un moyen de la camoufler, puisque la phrase proposée est, elle, parfaitement innocente, et c'est le lecteur ou l'auditeur qui est coupable d'avoir par la pensée opéré la jonglerie à laquelle il était d'ailleurs invité. Deux hebdomadaires[1] entre autres ont régulièrement consacré une rubrique à des contrepèteries. Nous leur empruntons celles-ci qui sont significatives :

« Le loup est caché. »
« Je confesse aimer les grosses firmes. »
« Il s'est barré quand je l'ai fait mander. »
« Le professeur a collé Violette. »
« J'ai mis sa peine dans mes livres. »
« J'ai le plaisir de vous doter. »
« C'est une banque de dons. »
« Sabine fait des pulls. »
« Il a une mine partiale. »
« Le fripier aime les pompons. »
« J'aime les pochettes de nylon. »
« Je vous incite à me retrouver. »
« Ce cas incite à l'humour. »
« J'aime mieux la fine que l'épaisse. »
« Laissez-moi dîner en pensant. »
« On a dressé les guerrières. »
« Elle est de moins en moins ludique, et lui il panique. »
« Ce jeune homme a une pierre fine. »
« Les jeunes filles glissent le long de la piscine. »

1. *Le Canard enchaîné* et *Le Hérisson.*

« Votre don me semble fort coûteux. »
« Jane revient de la ferme pleine d'espoir. »
« Elles aiment le tennis en pension. »
« Il baisse trop. Il faudra le caser. »
« La berge du ravin. »
« La femme de l'archéologue enfouit dans ses caisses le produit des fouilles de son mari. »

La contrepèterie qui, comme on vient de le voir, n'est pas toujours bienséante, se rachète peut-être par ses origines lointaines et en partie littéraires.

En particulier, l'illustre Rabelais s'y est à plusieurs reprises exercé. Voici deux échantillons de ses audaces ..
« À Beaumont le Vicomte »
« Cette femme était folle à la messe. »

Enfin, pour nous faire pardonner d'avoir illustré ce type de plaisanterie sans exercer de censure, rappelons encore que les phrases ici reproduites sont très innocentes et terminons en citant une des très rares contrepèteries qui restent convenables même après la manipulation : « Un mot de vous. » On peut ajouter à ce court chapitre de la décence le mot célèbre de saint Remy à Clovis : « Courbe-toi, fier Sicambre », contrefait par Alphonse Allais en ces termes : « Cambre toi, vieux si courbe. »

Existerait-il un lien secret entre le système de la permutation des lettres et la gauloiserie ? Plus exactement c'est une partie de cache-cache avec l'indicible qui s'insère dans le jeu faisant la nique aux certitudes du vocabulaire. Deux sortes de règles ici volent en éclats.

Il est un autre genre de sport, assez voisin de la contrepèterie mais moins porté sur le libertinage, c'est l'anagramme. Il s'agit là de bouleverser totalement l'ordre des lettres dans une phrase pour en trouver une autre. En voici un exemple qui date de l'époque où l'ancien Premier consul Bonaparte se fit sacrer empereur par Sa Sainteté. À partir de « Napoléon empereur des Français », on obtenait : « Le pape serf a sacré le noir démon. » Autre anagramme sur le même personnage : « Nabot paré. »

Salvador Dali s'amusait à transformer lui-même son nom en « Avida dollars ».

Mais, selon d'autres sources, l'auteur de cette plaisanterie serait André Breton.

Puisque la mode est aux initiales, souvent mystérieuses, pour désigner des entreprises ou des associations, pourquoi ne s'amuserait-on pas à détourner quelques sigles de leur signification originelle. Par exemple, la vénérable Confédération nationale du patronat français est plus connue par les quatre lettres CNPF. Yvon Gattaz, qui en était naguère le président et connaissait les difficultés de cette charge, traduisait en ces termes : « Ce n'est pas facile. »

3

LE DOUBLE SENS

Dans l'ordre des jeux de mots où le calembour se borne à bouleverser les sons, les phonèmes, les syllabes, les lettres, on accède à un niveau supérieur plus intellectuel, avec la plaisanterie qui se fonde sur les mots ou groupes de mots ayant plusieurs sens, soit d'emblée, soit suivant le contexte. Parfois, il s'agit non pas d'un seul mot à la signification fluctuante mais de deux mots ayant la même sonorité.

Pour donner tout de suite le ton, voici quelques jeux de mots tout simples et sans prétention d'un spécialiste du genre qui, pour ne point dissimuler ses intentions, prenait comme pseudonyme Jean Bonot :

« L'eau est chaste, car tout ce qui l'entoure est continent. »

« La terre boit ; c'est pour cela qu'elle est ronde. »

« Le feu est un flambeur. Mais il ne faut pas jouer avec lui. »

« La mer, malgré ses occupations très vagues, trouve le moyen d'être souvent agitée. »

« Le buvard ne travaille qu'en sous-main, et l'existence qu'il mène est rarement sans tache. »

« Le pain est heureux d'être sorti du pétrin. »

On trouverait une quantité de jeux de mots signés par des auteurs en général plus sérieux.

De Claudel : « Qui saura obtenir le premier prix dans un concours de circonstances ? »

De Boris Vian : « Un homme digne de ce nom ne fuit jamais. Fuir, c'est bon pour un robinet. »

« Le prêtre à un pendu qu'on vient de dégager à temps : "Repens-toi". »

De Jean Cocteau : « Le verbe aimer est un des plus difficiles à conjuguer. Son passé est simple. Son présent n'est qu'un indicatif et son futur est toujours conditionnel. »

Jeanson sur le même thème : « Aimer est un verbe irréfléchi. »

De Victor Hugo : « Les hommes chassent ; les femmes pèchent. »

Sacha Guitry au restaurant : « Comment trouvez-vous le menu ? — Très menu. »

De Jacques Mailhot : « Un vrai gaulliste ne répond jamais en particulier, mais en général. »

Fouché, parlant de Talleyrand nommé vice-chancelier : « Il ne lui manquait que ce vice-là. »

Alphonse Allais : « La lune est pleine. J'ignore qui l'a mise dans cet état. »

Cocteau : « Les miroirs feraient bien de réfléchir avant de renvoyer l'image de certaines personnes. »

Du même Jean Cocteau : « Un brave général ne se rend jamais, même à l'évidence. »

Quelqu'un, parlant avec Rivarol, eut l'imprudence de dire : « Nous autres gens d'esprit » — « Voilà un pluriel bien singulier », lui lança l'auteur du *Discours sur l'universalité de la langue française.*

À un autre, peu cultivé, qui lui promettait : « Je vous écrirai sans faute », le même Rivarol répondit : « Ne vous donnez pas cette peine. Écrivez comme d'habitude. »

L'humoriste Alphonse Allais composa à propos d'un certain menteur le poème que voici :

Chaque fois que les gens découvrent son mensonge,
Le châtiment lui vient par la colère accru
« Je suis cuit, je suis cuit », gémit-il comme en songe.
Le menteur n'est jamais cru.

Clemenceau, parlant du général Sarrail, âgé de 60 ans, marié à une jeune femme de 22 ans, alors qu'il venait d'être nommé à la tête du corps expéditionnaire à Salonique, fit un jeu de mots qui resta classique : « Il aura désormais deux fronts à défendre. »

Feydeau disait d'une femme de chambre : « Elle fait des ménages. Sa fille les défait. »

De Labiche : « Je fais des pièces. Ma femme fait des scènes. »

Petit dialogue signé Sacha Guitry : « C'est juste — Ce que je viens de te dire ? — Non, ce que tu me donnes. »

On n'oubliera pas quelques trouvailles de Raymond Devos, champion du jeu avec les mots, et notamment ces dialogues :

« La mer est démontée — Quand la remonte-t-on ? »

« Je voudrais un billet pour Caen — Pour où ? — Pour

Caen — Comment voulez-vous que je vous dise pour quand, si vous ne me dites pas pour où. »

Du même humoriste : « Se coucher tard nuit. »

Tout aussi classique est la déclaration de Raoul Ponchon : « Quand mon verre est plein, je le vide. Quand il est vide, je le plains. »

Au cours d'une séance de l'Académie française, alors qu'un amiral, membre de cette illustre compagnie, échauffé par une discussion, se mettait presque en colère, son confrère Henri Mondor, médecin, le calma en lui disant : « Amiral, faites attention à vos vaisseaux. »

« Pendant des décennies, notre balance commerciale a été un fléau. » (Y. Gattaz)

Tristan Bernard savait lui aussi jouer sur les mots. Rencontrant un ami qui regrettait d'être arrivé en retard au théâtre où l'on jouait une pièce d'un auteur peu prisé par l'écrivain et qui lui disait : « J'ai manqué le premier acte », il le consolait en disant : « Rassurez-vous, l'auteur aussi. »

Alexandre Breffort : « Dieu, quand il a pétri le monde a fait une grosse boulette. »

À une actrice qui lui demandait : « Dans quelle pièce me préférez-vous ? » Rip répondit : « Dans votre chambre. »

De Maurice Dekobra : « La femme qui vous aime parle d'avenir. Celle qui ne vous aime pas parle de présents. »

Du chansonnier Léo Campion : « Si l'on gagne toujours à être un galant homme, on gagne davantage à être une femme galante. »

Du journaliste Henri de Rochefort : « Si haut que l'on monte, on finit toujours par des cendres. »

Voici un jeu de mots qui pourrait figurer dans la petite histoire : Louis XV demanda à son contrôleur général des

Finances comment il avait trouvé les fêtes données à l'occasion du mariage du Dauphin. « Impayables » fut la brève réponse.

Dans la même rubrique, on pourrait, avec Freud, citer le mot d'un opposant qui commentait en ces termes la confiscation par Napoléon III des biens appartenant à la famille d'Orléans : « C'est le premier vol de l'aigle. »

L'humoriste Asserman s'était spécialisé dans les petites annonces. En voici quelques-unes :

« Échange mètre de toile contre toile de maître. »

« Cherche concierge digne des loges. »

« Cherche spécialiste du droit canon pour servir dans l'artillerie. »

« Achète vache laitière payable en plusieurs traites. »

« Menuisier cherche place au parquet pour s'occuper des plinthes. »

« Metteur en scène drogué cherche héroïne. »

« Jeune homme plus que parfait cherche future pour lui faire présent de son passé. »

Françoise Fermentel a imaginé ce qu'auraient pu être les appréciations sur les carnets scolaires de quelques grands personnages :

Pasteur : « Fait enrager ses camarades. »

Le Nôtre : « Ne s'intéresse qu'aux bandes dessinées. »

Descartes : « Pense, mais ne suit pas. »

Robespierre : « Se paie la tête des autres. »

Sévigné : « Prend tout à la lettre. »

Si l'on descend dans l'anonymat, on peut récolter une moisson de jeux avec les doubles sens qui va du meilleur au pire. On se demande presque quels sont les vocables qui ne se prêtent pas à ce genre de plaisanteries. Ce qui prouve bien que le comique de mots le plus élémentaire a pour fondement une mise en cause inoffensive du parallélisme entre le vocabulaire et sa signification, c'est-à-dire l'irruption du ludique dans les mécanismes habituels du langage. Voici, entre bien d'autres, quelques exemples de ces impertinences :

« Le chasseur a pali quand le lion a foncé. »

Dialogue sinistre, le condamné la tête sur le billot : « Je ne suis pas coupable. » Le bourreau levant sa hache : « C'est bien ce que nous allons voir. »

Le commandant du paquebot : « Tout le monde a fait son courrier ? Alors nous pouvons lever l'ancre[1] !

Une gamine revenant de classe : « Papa, tu connais la dernière ? C'est moi. »

Un marchand de crème hydratante interroge un quidam : « Que mettez-vous après vous être rasé ? Mon pantalon. »

« Pour rouler avec deux pneus crevés, il faut être gonflé. »

« Au téléphone, le meilleur moyen de n'être pas dérangé, c'est d'être en dérangement. »

L'oculiste à son client : « Vous avez recouvré la vue — C'est vrai, mais je ne vois pas comment je pourrais vous payer. »

Un candidat malheureux parlant d'un académicien qui lui avait promis sa voix et qui mourut la veille de l'élection : « Il manque de savoir-vivre. »

Un vieillard, à qui l'on rappelait la formule « Le temps c'est de l'argent », ajoutait : « Oui, sur nos cheveux. »

« On demande un anarchiste pour tirer les rois. »

1. Cité par Coluche.

L'avocat à son client condamné à vingt ans de réclusion pour avoir tué la femme qu'il disait avoir trop aimé : « Que voulez-vous ? Quand on aime, on a toujours vingt ans. »

Dans une pièce de théâtre inspirée par Pierre Dac, un colonel en retraite assis à une table dans un café soupire : « Quelle déchéance ! Je commandais un régiment, et maintenant je vais commander un demi[1] ! »

Dans un bateau, où il fait chaud, « Les cales sont sèches. » (Lagaf)

Jean Cocteau, après une séance sous la Coupole, n'ayant pas eu le temps de se changer, se trouva en habit vert à un dîner. Sa voisine de table, le prenant pour un militaire en uniforme, lui demanda : « Dans quelle arme servez-vous ? » Il répondit : « Dans le génie. »

Les jeux de mots les plus rudimentaires peuvent servir de prétexte à des plaisanteries plus subtiles, comme dans ce dialogue puisé dans un livre bien connu de l'excellent Raymond Queneau : « Il faut se grouiller, car Charles attend — Oh ! celle-là je la connais, s'exclama Zazie furieuse. Je l'ai lue dans les Mémoires du Général Vermot. »

Terminons ce chapitre qui pourrait être prolongé sans fin par une réplique fort bien venue du marquis de Bièvre. Sa réputation déjà évoquée de spécialiste des calembours était bien établie à la cour de Versailles.

Le roi était un peu agacé par ce faiseur de bons mots. À brûle-pourpoint, il lui demanda un jour : « On prétend que vous pouvez faire un calembour sur n'importe quel sujet.

1. Pièce de Jacques Pessis (1944-1945).

Faites-en un sur moi, tout de suite — Sire, répondit le marquis finement, le roi n'est pas un sujet. »

Au passage, notons que ce mot « sujet » offre naturellement l'occasion de jouer sur son double sens, et qu'à ce titre, il eut plusieurs fois sa place dans la petite histoire, notamment avec un célèbre article du journaliste Henri de Rochefort qui s'en prenait en ces termes au règne de Napoléon III, dans son journal d'opposition *La Lanterne* : « La France compte trente-six millions de sujets, sans compter les sujets de mécontentement. »

Restons dans le même sujet, pour en examiner quelques particularités, car son principe est sujet à interprétations et variations.

4

QUELQUES VARIATIONS ET RÉPLIQUES

On peut mettre à part quelques effets de double sens qui témoignent d'une certaine complexité et des jeux de mots assez élaborés.

En voici un moins naturel qu'il n'y paraît :

— Le duc de Morny était le fils « naturel » de la reine Hortense et de son amant le comte de Flahaut. Ce n'était un secret pour personne. En outre, il était le demi-frère adultérin de Napoléon III qui lui avait octroyé le titre de duc. Il se plaisait à résumer ainsi cette situation peu orthodoxe : « Je dis comte à mon père, sire à mon frère, je suis duc, et tout cela est naturel. » Comme le constate son biographe, Claude Dufresne, il aurait pu ajouter : « Je dis Monseigneur à mon grand-père et cela est également naturel. » En effet, le comte de Flahaut était le fils de la comtesse de Flahaut et de son amant Talleyrand, évêque d'Autun[1].

1. C. Dufresne, *Morny,* Perrin, 1983, et J.-M. Rouart, *Morny,* Gallimard, 1995.

De Henri Heine, qui maniait fort bien la langue française, on peut apprécier ce jeu de mots : « J'ai oublié les noms des étudiants de cette université. Quant aux professeurs, la plupart n'en ont pas encore un. »

Parfois, la pointe relève d'une expression courante mais dérivée. Ainsi, Piron, le vieil ennemi de Voltaire, disait des membres de l'Académie française : « Ils sont quarante, et ils ont de l'esprit comme quatre. »

Monseigneur Dubois dînait un jour avec son ami Edmond de Rothschild. Comme il mettait de l'eau dans son vin, le célèbre milliardaire lui dit en plaisantant :

« Vous baptisez votre vin — Non, répondit le prélat, je le coupe. »

Voici une formule célèbre de Talleyrand :

« Un gouvernement que l'on soutient est un gouvernement qui tombe. »

Un jour à Roland-Garros, le soutien-gorge d'une joueuse de tennis craqua, laissant entrevoir un sein. Une spectatrice spirituelle s'écria : « Avantages dehors[1] ! »

Popek, après le récit d'une bonne nouvelle : « Dieu soit loué !.. mais à un prix raisonnable. »

« Caressez un cercle, il deviendra vicieux. » (Eugène Ionesco)

« Votre fiancé connaît-il votre âge ?

En partie. »

« Voici l'été. Épousez une femme ombrageuse. »

On interrogeait un descendant des Habsbourg, cette illustre famille qui régna sur l'Empire austro-hongrois, et

1. Cité par Pierre Daninos.

on lui demandait s'il n'y avait pas lieu de craindre une guerre Autriche-Hongrie. Il répondit malicieusement : « Contre qui ? »

Un mot de Tristan Bernard, quand Paris était occupé par les troupes allemandes : « Au début de la guerre, on disait "On les aura". Eh bien, on les a. »

« Rien ne dure qu'à la fin on n'endure. » (Jean-Edern Hallier)

« Quand la nuit tombe, j'ai peur qu'elle ne casse quelque chose. »

À Edmond Rostand, l'auteur de *Cyrano,* son tailleur, désireux d'être payé, disait : « N'oubliez pas, maître, qu'à la fin de l'envoi je dois toucher. »

Bernanos s'adressant à un homme qui avait bien réussi : « Les ratés ne vous rateront pas. »

Une femme entretenue arborait un rivière de diamants : « Cette rivière est belle, observait quelqu'un, mais elle est exagérément longue — Elle retourne à sa source » ajouta la spirituelle Sophie Arnould.

Breffort, parlant des femmes, se donnait pour maxime : « Bien faire et les séduire. »

Sacha Guitry disait d'une dame à petite cervelle : « Son sommeil est ce qu'elle a de plus profond. » Cet adjectif agaçait Cocteau, parce que des critiques reprochaient à l'un de ses livres de n'être pas profond, il répliqua vertement : « Les pots de chambre aussi sont profonds. »

André Santini obtint un prix de l'humour politique pour cette réplique : « Monseigneur X n'a rien compris au préservatif. La preuve, c'est qu'il l'a mis à l'index. »

Petite conversation au téléphone d'un ministère : « Allô ! où est donc le chef de cabinet ? — Il y est. »

Autre conversation : « Je crois, Madame, vous avoir déjà rencontrée quelque part — C'est bien possible car j'y vais assez souvent. » À moins que, pour couper court, la réponse ne soit négative : « Impossible, Monsieur, car je n'y vais jamais. »

Plus connu est le dialogue entre Talleyrand, surnommé le Diable boiteux, et une dame atteinte de strabisme. Celle-ci, perfidement et manifestement, dirigea son regard sur la jambe infirme du célèbre diplomate pour lui demander : « Comment allez-vous ? » Et Talleyrand, avec une œillade vers les yeux qui louchaient, répondit : « Comme vous voyez, Madame. » Plus gaiement, lorsqu'on lui demandait « Comment allez-vous ? » alors qu'il était sur un fauteuil roulant, Sacha Guitry disait en souriant : « Comme sur des roulettes. »

Une formule maladroite peut appeler une réponse comme celle du visiteur qui voulait voir son avocat, et à qui le valet déclarait : « Veuillez repasser, Maître X est avec un client très important. Il a défendu sa porte. » Ce propos attira la repartie suivante : « S'il défend sa porte, c'est une porte condamnée. »

On peut jouer aussi sur les mots en les accouplant de manière insolite. Victor Hugo disait à madame Dorval : « Vous n'êtes pas jolie, vous êtes pire. » Était-ce un compliment ? Que penser également du titre donné par Gainsbourg à une de ses chansons : *Je t'aime, moi non plus* ?

On cite souvent le jugement de Capus sur un ambitieux : « Il est arrivé, mais dans quel état ! »

Talleyrand disait du ministre Decazes : « Il est à la fois suffisant et insuffisant. »

Victor Hugo prenant à la lettre la réaction d'une jolie femme avec laquelle il se montrait trop entreprenant et qui le réprimandait en ces termes · « Je ne vous permets pas. Vous m'avez pris la taille », se défendait ainsi : « Moi, Madame ! Fouillez-moi. »

En général, on admire toujours plus une riposte ou une réponse qu'un bon mot préparé. L'improvisation au moins apparente et l'esprit d'à-propos sont plus appréciés que le calembour laborieux et prémédité. En est un bel exemple la repartie déjà citée du marquis de Bièvre à son souverain qui pensait le mettre en difficulté : « Le roi n'est pas un sujet. »

Parfois la réplique est en même temps un moyen de détourner la question en élevant le débat. On cite parfois, sans d'ailleurs en démontrer la véracité, une jolie réplique de Littré. L'auteur du célèbre dictionnaire était, paraît-il, en trop galante compagnie lorsque madame Littré survint à l'improviste : « Monsieur, dit-elle, sur le ton d'une vive réprobation, vous me surprenez — Non Madame, répondit le coupable, c'est nous qui sommes surpris. Vous, vous êtes étonnée. »

Un effet comique peut être obtenu par le rapprochement dans une phrase entre deux mots dont les sens voisinent et divergent.

Exemple : « À quinze ans la femme se dessine. À trente ans elle se peint. » Sacha Guitry disait d'une dame : « Elle est facile, mais pas commode. »

Dans le même style, on peut citer quelques reparties malicieuses. Dans le cadre de la Belle Époque et du demi-monde, on vantait une cocotte célèbre en ajoutant : « Elle gagne à être connue » — « Combien ? », demanda Rip. À propos d'une jolie actrice dont on disait qu'elle était toujours couchée, Adrien Scholl concluait : « Elle doit faire fortune. » Georges Feydeau, à qui l'on parlait d'un garçon timide « toujours dans les jupes de sa mère », ajoutait : « Il s'y fera des relations. »

On trouve aussi des jeux de mots assez élaborés dans les définitions proposées pour des mots croisés. La plus classique est signée par Tristan Bernard. La voici : « Vide les baignoires et emplit les lavabos. » Il s'agissait de trouver le mot « entracte ».

Michel Laclos réunit d'autres définitions chargées de double sens :

Fakir : idole des jeûnes (Noctuel)

Favorite : morceau de roi (Léo Campion)

Impuissance : tirage épuisé (S. Mirgean)

Mégère : moitié entière (La Ferté)

Moussaillon : sous-marin (B. Mayer)

Le spirituel Georges Elgozy proposait une belle définition du mot adjoint : « Doublure sans étoffe. »

La sagesse enfantine, jouant sur le mot « omission » conduisait à une nouvelle définition dans ce dialogue au cours d'une leçon de catéchisme :

Le curé : « Toto, peux-tu me dire ce qu'est un péché par omission. »

Toto : « C'est un péché qu'on regrette de n'avoir pas commis. »

C'est là encore une repartie drôle, mais peut-être involontairement astucieuse.

Revenons aux répliques bien trouvées :

Henri IV demandait à mademoiselle d'Entragues : « Par

où peut-on gagner votre chambre ? » — Réponse : « Par l'église, sire. »[1]

Autre dialogue galant : « Vous portez, Madame, une robe ravissante — Oh ! ce n'est que trois fois rien — C'est bien pour cela que je l'aime. »

Au Tribunal révolutionnaire, le jeu de mots pouvait avoir d'heureuses conséquences. Le journaliste Alphonse Martainville, jugé le 15 ventôse an II, eut la chance que le président le prenant à tort pour un noble l'appela en le nommant citoyen de Martainville. L'accusé, avec humour, lui répondit : « Citoyen juge, tu es là pour me raccourcir, non pour me rallonger. » Les rires fusèrent dans le tribunal et le président qui appréciait les bons mots se laissa convaincre par un auditeur qui s'écria : « Alors, qu'on l'élargisse. » Et ce royaliste fut sauvé[2].

La première épouse de Sacha Guitry, Charlotte Lyses, lui demandait : « Je t'aime, Sacha, et toi ? — Moi aussi, je m'aime. »

Après l'échec patent de sa pièce *Adelaïde du Guesclin*, Voltaire demanda à son vieil ennemi, Piron, ce qu'il en pensait. Ce qui lui valut cette belle réponse : « Je pense, monsieur de Voltaire, que vous aimeriez que je l'eusse écrite. » Mais Voltaire trouva la parade : « Je vous aime assez pour cela », dit-il.

Sigmund Freud a mis en évidence un type de calembour qu'il caractérise par la « condensation ». Il en donne pour

1. Il est plus probable que cette réplique soit celle d'Eugénie à Napoléon III, avant leur mariage (J.-M. Rouart in *Morny*, Gallimard, 1995, p. 178).

2. B. de Castellajac, *Les Mots les plus drôles de l'histoire*, Perrin, 1988, p. 228.

exemple un mot de l'écrivain Henri Heine que le richissime baron de Rothschild avait reçu en le traitant presque d'égal à égal. « Il m'a reçu, disait-il, de façon toute famillionnaire. » Ce mot contracté signifiait : « Il s'est comporté avec moi de façon familière, autant que peut le faire un millionnaire. » Freud rattache au même principe la phrase perfide bien connue : « Il a un bel avenir derrière lui. »

Hors du chapitre des calembours et jeux de mots, on peut signaler d'autres répliques particulièrement spirituelles qui brodent sur les règles de la politesse et de la bienséance, en mettant en relief, pour les censurer, quelques fautes de goût. Ce qui fait rire, ici, ce n'est pas le mécanique plaqué sur le vivant, mais la revanche de l'esprit subtil sur l'absence de délicatesse.

On rit, non pas de celui qui manque de souplesse mais de celui qui le ridiculise. Le rire n'est pas une sanction contre le premier, il est une approbation du second. La duchesse de La Rochefoucauld raconte que sa mère, alors qu'elle avait dépassé la soixantaine, rencontra le peintre Jacques-Émile Blanche qui, plus étourdi que galant, lui déclara : « Ah ! Madame. Quel dommage que je ne vous ai pas connue il y a dix ans. J'aurais aimé faire votre portrait. » La duchesse répondit : « N'avez-vous plus de talent, monsieur Blanche ? »

Gontaut-Biron se trouva placé en bout de table à un dîner, alors qu'il s'estimait digne d'une meilleure place : « Madame, demanda-t-il à la maîtresse de maison, est-ce qu'à la place où je suis on a droit à tous les plats ? »

En pleine révolution de 1848, les citoyens furent invités à arborer sur leurs vêtements un flot de rubans tricolores, insigne de la liberté. Charles Briffault fut arrêté dans la rue par une patrouille de partisans : « Pourquoi n'as-tu rien mis à ta boutonnière comme tout le monde ? — Précisément, dit Briffault, pour montrer que je suis un homme libre. »

Petit dialogue leste : « Monsieur, vous me prenez pour une autre — Non, Madame, je vous prends pour moi. » (Barbey d'Aurevilly)

Autre riposte frivole attribuée à Fontenelle, célèbre pour sa verdeur quand il avait atteint un grand âge. Il lutinait une jeune femme qui, en se débattant, le menaça : « Monsieur, cessez ou je vais crier — Criez, Madame, répondit le grand écrivain. Cela nous fera honneur à tous deux ! »

Sont parfois plaisantes des répliques fondées sur la litote que les Anglais nomment *understatement,* que l'on retrouvera d'ailleurs, sous une autre forme, à propos de l'humour, et qui consiste à minimiser une parole, à la réduire même à rien[1].

Un témoin de Jéhovah se présenta chez Léautaud pour lui annoncer la fin du monde. Un peu impatienté, l'écrivain le renvoya sur ce reproche : « Il ne fallait pas vous déranger pour si peu. »

À Baudelaire qui lui avouait : « Je ne crois pas en Dieu », Louis Veuillot répondit : « Oh ! Il en sera contrarié. »

Après l'avoir fait enfermer à la Bastille, le Régent fit servir une pension à Voltaire. Celui-ci remercia en ces termes : « Je trouve bien que Votre Altesse se charge de ma nourriture, mais je la supplie de ne plus se charger de mon logement. »

Une certaine ironie peut couper court à l'éloquence d'un gêneur qui se dévoile en se masquant : « Je n'ai pas de

1. Cf. *infra,* chapitre 8

conseil à vous donner, mais... — Alors n'en donnez pas. » (Sacha Guitry)

Un sage conseil peut être comique s'il est inattendu : « Docteur, est-ce que je risque quelque chose si j'embrasse un homme sur la bouche ? — Oui, si votre mari l'apprend. »

Voici quelques reparties qui peuvent faire mouche :

Un roi, en visite sur ses terres, rencontre un garçon de ferme qui lui ressemble beaucoup : « Ta mère, lui dit-il, a dû servir au palais — Non sire, pas elle, mais mon père. » Cela changeait tout, évidemment.

Les Texans ont la réputation, peut-être imméritée, d'être vantards. Voyageant en Israël, l'un d'eux veut éblouir un habitant de cet État : « Quel pays minuscule est le vôtre. Chez nous, on peut rouler en train pendant des journées et se retrouver encore au Texas. » L'interlocuteur ne se laisse pas éblouir : « Vous savez, nous aussi, nous avons des ennuis avec nos chemins de fer. »

Voici un dialogue montrant que les comparaisons ne mènent pas toujours là où l'on voudrait : « Pourquoi me toisez-vous ainsi ? — Un chien regarde bien un évêque — Qui vous dit que je suis un évêque ? »

Enfin, un peu d'esprit permet souvent de se sortir d'une situation difficile, voire même de la retourner.

Renouvelant la question qui embarrassa Pâris, en face des trois déesses, une dame, entourée de deux amies, demanda à Talleyrand : « Si nous tombions dans la mer, laquelle de nous sauveriez-vous ? — Je suis sûr que vous savez très bien nager, Madame. »

Louis XIV avait écrit quelques vers et demanda à Boileau ce qu'il en pensait. Celui-ci, n'ayant pas envie de se montrer trop courtisan, se tira d'affaire par une autre flatterie : « Sire, rien n'est impossible à Votre Majesté. Elle a voulu faire de mauvais vers, et elle y a réussi. »

Même un mendiant peut trouver une parade à une constatation gênante. À l'un d'eux qui demandait l'aumône sous prétexte qu'il était manchot, un passant fit cette remarque : « Je vous reconnais. Il y a quelques jours je vous ai donné une pièce parce que vous étiez aveugle — Oui, mais j'ai recouvré subitement la vue, et les bras m'en sont tombés. »

Un de ses amis s'étonnait que Voltaire eût écrit du bien de Haller, savant suisse. « Pourtant, vous savez qu'il dit beaucoup de mal de vous — C'est probablement parce que nous nous trompons tous les deux. »

On demandait à Cocteau son opinion sur le ciel et l'enfer. « Je préfère ne pas répondre, dit-il. J'ai des amis des deux côtés. »

L'écrivain Paul Bourget discutait avec l'Américain Mark Twain, fort spirituel, et crut bon de le taquiner lourdement sur le manque de tradition dans la société du Nouveau Monde : « Quand un Américain n'a rien de mieux à faire, lui dit-il, il peut toujours essayer de dresser son arbre généalogique jusqu'à son grand-père — Sans doute, rétorqua l'Américain, mais quand un Français veut passer le temps, il peut essayer de savoir qui a été son père. »

L'empereur Napoléon Ier interpella en ces termes madame de Custine qui avait la réputation d'être fort légère : « Aimez-vous toujours les hommes ? — Oui, sire, quand ils sont polis. »

Le prince de Condé trouva le moyen de ridiculiser un personnage exaspérant qui voulait se donner de l'importance en disant avec emphase : « Monsieur mon père,

Madame ma mère. » Le prince, ostensiblement, se tourna vers un de ses domestiques et lui ordonna : « Monsieur mon écuyer, allez dire à Monsieur mon cocher qu'il attelle Messieurs mes chevaux à Monsieur mon carrosse. »

De la même façon, quelques belles répliques soulignent des fautes de français. Un ministre présidait un dîner au cours duquel un gros industriel plus riche que cultivé arriva en retard et présenta ses excuses en ces termes : « Je suis été à mon usine — Je m'en avais douté », dit le ministre.

Dans le même style, voici un bel échange de mots au Parlement. À la tribune, Paul Deschanel, trop indulgent à l'égard des néologismes, déclara fortement : « Il faut solutionner ce problème. » Plus puriste, Clemenceau releva la faute en répliquant : « Nous allons nous en occupationner. »

Il faut signaler aussi l'art de rétablir la situation créée par une gaffe. Dans une pièce de Sacha Guitry, le garçon de bureau annonce à un haut personnage la venue d'un raseur. « Vous direz à ce Monsieur que je ne suis pas là. » S'apercevant que le visiteur est déjà dans l'antichambre et peut l'avoir entendu, le même homme ajoute à haute voix : « Puisque je suis avec Monsieur. »

5

DE L'ABSTRAIT AU CONCRET

Un moyen très souvent employé pour obtenir un effet comique plus ou moins voisin du calembour consiste à prendre à la lettre et dans son sens premier un mot qui est employé d'une manière dérivée. Plus généralement, c'est alors le passage inopiné du sens abstrait au sens concret, à moins que ce ne soit la manœuvre inverse. Ou bien encore on peut jouer sur l'équivoque entre le réel et le figuré

Voici quelques exemples entre mille de ces jeux qui s'étagent du plus simpliste calembour jusqu'à la lisière du mot d'esprit :

« L'ascenseur est un ambitieux. Il ne demande qu'à s'élever. » (Jean Bonnot)

« Dame très bête épouserait vétérinaire. » (Asserman)

« Sommelier, mettez une bouteille de champagne au frais — Aux frais de qui, Monsieur ? »

« La bicyclette est l'instrument idéal pour lever le pied sans perdre les pédales. » (Jean Rivoire)

« Les objectifs des caméras sont plus clairs que ceux des reporters. » (Yvan Audouard)

« Un imprimeur est un homme qui ne manque pas de caractères et qui cherche à faire bonne impression. » (Serge Mirgean)

« Appuyez-vous sur les principes. Ils finiront bien par céder. » (Oscar Wilde)

« Pourquoi lave-t-on une injure, alors qu'on essuie un affront ? » (Alphonse Allais)

« Fermons la parenthèse, car il fait un peu froid. » (Alphonse Allais)

« Le poisson est un animal susceptible. En présence d'un pêcheur, il prend facilement la mouche. » (Noctuel)

« La route doit être fière d'avoir tant de voitures. Elle fait des embarras. » (André Birabeau)

« Une garçonnière : haute fidélité dans un coin ; infidélité dans l'autre. » (Malcom Bradbury)

« Mes parents, malgré le bruit de la rue, s'entendaient bien. » (Pierre Dac)

« Lycéen cherche blanchisseuse pour repasser ses leçons. » (Pierre Dac)

« On demande deux hommes de paille, un grand et un petit pour tirage au sort[1]. » (Pierre Dac)

Dans un film comique, un flatteur dit à une actrice : « Toute la ville sera à vos pieds », et Groucho Marx, jetant un regard sur les chaussures de la vedette, ajoute, en aparté : « Il y aura de la place pour tout le monde. »

À une époque où l'on parlait des intentions de Louis-Napoléon, on demandait à Morny : « On dit que le Président va donner un coup de balai. Que comptez-vous faire ?

1. Cf. Jacques Pessis, *Pierre Dac*, F. Bourin, 1992.

— Ma foi, répondit Morny, je tâcherai de me trouver du côté du manche. » C'est bien ce qu'il fit.

Le roi Farouk, à la fin de son règne, disait : « Si je perds mon trône, il ne restera plus que cinq rois : le roi de cœur, le roi de carreau, le roi de trèfle, le roi de pique et la reine d'Angleterre. »

Renouvelant le défi déjà cité de Louis XVI, une jolie femme demandait au marquis de Bièvre : « Faites un calembour sur moi », et Sylvie Arnould, s'interposant, lui lança : « Attendez donc qu'il y soit. »

Dans le genre de l'humour noir, citons ce dialogue au chevet d'un malade : « Docteur, quand va-t-il s'éteindre ?
— Oh ! vous savez, ce n'était pas une lumière. »

Sacha Guitry racontait que son père, l'acteur Lucien Guitry, avait un jour giflé sa maîtresse qui s'écria tremblante : « J'ai peur ! — Ne crains rien, lui dit son amant, je suis là. »

Dans le répertoire du comique troupier, relevons cette perle : « Sur quoi tire le soldat ? — Sur l'ordre du lieutenant. »

Réflexion au sujet d'une mariée pas très jeune qui arbore les traditionnelles fleurs d'oranger : « À son âge, elle aurait droit à des oranges. »

« Je voulais acheter ce tableau de Picasso à tout prix. Je l'ai eu exactement à ce prix-là. » (Sacha Guitry)

« Elle respire la vertu, mais elle est vite essoufflée. » (Georges Elgozy)

« Comment pourrait-on avoir dans le nez les gens que l'on ne peut pas sentir ? » (Pierre Dac)

« Un abcès et un homme de génie finissent toujours par percer. » (Commerson)

« Il faut mettre de l'argent de côté pour en avoir devant soi. » (Tristan Bernard)

« Dame végétarienne épouserait grosse légume. » (Asserman)

« Porte-monnaie imperméable pour mettre l'argent liquide. » (Asserman)

« Dame désirant faire don de son corps à la science épouserait médecin. » (Asserman)

« À vendre soutien-gorge pour rire à gorge déployée. » (Asserman)

« Il est bon de lire entre les lignes. Cela fatigue moins les yeux. » (Sacha Guitry)

Et maintenant quelques courts dialogues :

« Je viens vous demander la main de votre fille — Bien volontiers, puisque vous avez déjà tout le reste. » (Koestler)

« Il court après l'esprit. Je parie pour l'esprit. » (Mme de Boufflers)

« À peine vous donnerait-on cinquante ans — Oh ! mais je ne les prendrais pas. » (Sophie Arnould)

Un bellâtre se vantait de ses conquêtes et concluait : « Moi, les femmes m'ont toujours réussi » — Quelqu'un murmura à l'oreille de son voisin : « À l'exception de sa mère. » (Augustin Brohan)

« Pour quoi faire ? », demande le droguiste à un client qui veut un insecticide. Réponse : « Parce que j'ai le cafard. »

Dans le même genre, à celui qui se plaint d'avoir une fièvre de cheval, on conseille d'aller chez le vétérinaire.

La jonglerie entre l'abstrait et le concret permet des plaisanteries faciles et se meut entre le meilleur et, peut-être, plus souvent le pire. L'essentiel est que cela soit fait sans prétention. De toute manière, ce procédé démontre bien que le jeu de mot consiste toujours à mettre en échec un mécanisme, notamment la règle qui distingue pour un même vocable ou pour un membre de phrase la signification première et le sens dérivé. C'est d'ailleurs pour cette raison que de nombreuses citations dans les chapitres précédents auraient pu trouver place dans celui-ci, où l'on a voulu rassembler plutôt les exemples les plus démonstratifs.

6

NI RAISON NI LOGIQUE

Qu'y a-t-il de plus contraignant pour l'esprit, de plus déterminé et déterminant, de plus invariable que les lois de la raison et de la logique ? C'est d'ailleurs heureux, car s'il n'en était pas ainsi, le monde serait un bateau ivre. Rien de sérieux ne peut être conçu ou accompli en dehors de ces règles.

Oui, mais il serait bien amusant de faire semblant de ne s'y point conformer. Faire semblant bien sûr, c'est-à-dire jouer à s'en échapper un instant. Et, si, comme on le soutient dans ce livre, le comique, avec ses manifestations que sont le rire, le sourire ou même un simple éclair de joie intérieure, est lié à une petite revanche ludique sur tout ce qui est mécanique, régulier, toujours prévisible et parfois monotone à force d'être raisonnable, alors on ne s'étonnera pas que figurent dans notre tableau de chasse tout ce qui est le contraire du sérieux, c'est-à-dire le grain de folie simulée, le farfelu, la contrebande aux frontières de la logique, et tout ce qui met celle-ci en échec sans la menacer vraiment.

Le moyen le plus clair, le plus direct pour marcher hors des sentiers battus de ce qui est raisonnable, c'est de reproduire les actions et les expressions de ceux qui ont perdu la raison. C'est ainsi que les histoires de fous, dans un certain contexte, au lieu de susciter la pitié, sont destinées à produire un effet comique.

Elles sont tellement nombreuses et triviales qu'on aurait l'embarras du choix et qu'on ne peut ici qu'en présenter quelques exemples pris au hasard, pour en donner une idée.

Deux fous pêchent en mer dans un bateau et récoltent énormément de poissons. L'un d'eux dit : « L'endroit est excellent. Il faudrait le repérer pour y revenir demain. Mais comment faire ? — C'est très simple, suggère l'autre. Faisons une croix à la craie au fond du bateau — Tu es fou, répond le premier. Cela ne servira à rien si nous ne prenons pas le même bateau. »

Ici, l'entorse à la logique est à double détente.

Dans plusieurs histoires de fous, c'est le directeur de l'asile qui surpasse ses pensionnaires, et le comique vient précisément de l'effet cumulatif ajoutant à l'aliéné l'absurdité de celui qui devrait être un modèle de logique.

Dans une maison de santé, le patron fait à un journaliste les honneurs de son établissement. Il lui montre la piscine dans laquelle les fous plongent à qui mieux mieux. Le visiteur s'extasie. « Oh ! précise le directeur, cela n'est rien. Il faudra que vous reveniez quand il y aura de l'eau dans la piscine. » Il est vrai qu'un des pensionnaires de cet asile déclarait : « J'aime mieux plonger quand il n'y a pas d'eau, car je ne sais pas nager. »

On demande à un fou pourquoi il rit : « C'est, dit-il, parce que je me raconte des histoires drôles. Et je viens de m'en raconter une que je ne connaissais pas. »

Un fou en interpelle un autre : « Mets tes lunettes, et écoute comme ça sent bon. »

Mais, sans aller jusqu'à la démence complète, le comique fondé sur le jeu avec la logique peut se contenter d'une absurdité plaisante.

La palme revient à un conseil donné par Henri Monnier (et non pas Alphonse Allais comme on le croit généralement) : « On devrait construire les villes à la campagne. L'air y est tellement pur. »

Un autre humoriste disait à un chef de gare : « Votre gare est charmante. Si vous la transportiez à Paris, vous gagneriez un argent fou. »

Pierre Dac faisait cette constatation : « On dit souvent : "Fermez la porte car il fait froid dehors." Mais une fois la porte fermée, il fait toujours aussi froid dehors. » Le même humoriste spécialiste de l'évidence illogique à force d'être trop naturelle disait encore : « On nous apprend qu'il fait quarante degrés à l'ombre. Mais rien ne vous oblige à rester à l'ombre. » C'est encore lui qui constatait que certaines personnes ne tiennent pas leur parole et ajoutait : « Comment la tiendraient-ils, puisqu'ils l'ont donnée ? »

En 1939, pendant la Drôle de guerre, on demandait aux habitants des villes de ne laisser filtrer le soir aucun trait de lumière de leur demeure pour éviter de guider les aviateurs ennemis qui venaient effectuer des bombardements. Pierre Dac proposa de simplifier cette parade, qui d'ailleurs était générale dans tous les pays belligérants, en obligeant les aviateurs à porter des lunettes noires. Dans son journal

L'Os à moelle, cet humoriste cultivait ainsi le comique par l'absurde[1].

En effet, c'est souvent l'excès de logique qui met la logique en échec. C'est le cas dans ce dialogue : « Que faut-il faire pour obtenir le pardon de ses péchés ? — Commencer par pécher. »

Voici encore quelques exemples de la même veine :

Si Napoléon était resté simple lieutenant d'artillerie, il serait encore sur le trône. Si Dieu n'existait pas, comment aurait-il eu un fils ? (Aurélien Scholl)

Une dame à son employée de maison : « Comment se fait-il que chaque fois que j'entre dans la cuisine je vous trouve en train de ne rien faire ? — Madame, c'est à cause de vos chaussons. On ne vous entend pas venir. »

« N'ayez pas de voisins si vous voulez vivre en paix avec eux. » (Alphonse Karr)

« La Bourse est un jeu dangereux. On gagne un jour, on perd le lendemain — Eh bien, je ne jouerai qu'un jour sur deux. » (Cité par Bergson)

« Monsieur l'instituteur, inutile de punir mon fils. Il est tellement sensible qu'il vous suffira de gifler son voisin pour qu'il vous obéisse. »

Toto à l'instituteur : « Monsieur, je suis sûr que vous ne puniriez pas celui qui n'a rien fait — Bien sûr — Moi, Monsieur, je n'ai pas fait mon devoir. »

« Impossible de vous dire mon âge. Il change tout le temps. » (Alphonse Allais)

Clemenceau voyait dans la forme des pyramides la preuve que même dans l'Antiquité, les ouvriers travaillaient de moins en moins.

1. Jacques Pessis, *Pierre Dac, op. cit.*

« La stérilité n'est pas héréditaire. » (Alphonse Allais)

« L'homme n'est pas fait pour travailler. La preuve c'est que ça le fatigue. » (Tristan Bernard)

« Je sais que l'alcool tue lentement. Mais je ne suis pas pressé. » (Courteline)

« Bien que je n'en parle pas un traître mot, je vais prendre un bain turc. » (Jacques Pessis)

« L'argent aide à supporter la pauvreté. » (Alphonse Allais)

Sacha Guitry aimait faire semblant de déraisonner quand il donnait des autographes. Par exemple, il écrivait de sa plus belle plume et signait de sa main : « Madame, je regrette, je ne donne jamais d'autographe. » Ou bien encore : « Madame, vous m'avez demandé de vous envoyer un autographe, mais vous ne m'avez pas dit de qui. »

« Victor Hugo, si digne du nom qu'il porte » (Henri Monnier) — « Le chateaubriand est un plat tellement délicieux qu'il a donné son nom à un grand écrivain » — « La nature est prévoyante. Elle a fait pousser des pommiers en Normandie, car les gens de cette province ne boivent que du cidre. » (Henri Monnier) « C'est une chance que les tunnels se trouvent là où passent les trains. » (Alphonse Allais)

« C'est étonnant comme ces deux jumeaux se ressemblent. — Oui, surtout l'aîné. »

« Nous étions deux jumeaux. L'un de nous s'est noyé. On n'a jamais su si c'était l'autre ou si c'était moi. » (Mark Twain)

Les échanges compliqués peuvent se situer plaisamment aux confins de l'absurdité. Freud en cite un exemple.

Un monsieur entre dans une pâtisserie, choisit un gâteau et, réflexion faite, l'échange contre un verre de liqueur qu'il boit. Il refuse de le payer, car, dit-il, « Je l'ai échangé contre un gâteau du même prix — Oui, mais vous ne l'avez pas payé — En effet, puisque je ne l'ai pas mangé. Donc, je ne vous dois rien ».

Sacha Guitry s'adressant à une jolie vendeuse : « Combien me vendez-vous un baiser ? — Mille francs — D'accord. » Après le baiser : « Tout compte fait, c'est un peu cher. Je préfère vous le rendre. »

Quelques histoires mettent en évidence la subjectivité du raisonnement. Deux représentants d'une fabrique de chaussures vont prospecter le marché dans une lointaine tribu primitive. Le premier télégraphie à sa firme : « Rien à faire ici. Les indigènes ne portent pas de chaussures. » Le second câble à son patron : « Débouchés illimités. Personne ici n'a encore de chaussures. »

On peut aussi titiller la logique en la réduisant à des évidences qui côtoient parfois la contradiction :

« J'ai souvent remarqué que les cocus épousaient de préférence des femmes adultères. »

« Dieu a sagement agi en plaçant la naissance avant la mort. Sans cela que saurait-on de la vie ? » (Alphonse Allais)

« La seule manière de se délivrer d'une tentation, c'est d'y céder. » (Oscar Wilde)

« Les grands fleuves passent généralement au pied des grands villes. » (Monnier)

« Les femmes vivent plus longtemps que les hommes, surtout quand elles sont veuves » — « Il n'a qu'une parole. C'est pourquoi il la reprend. »

Armand Fallières passant le pouvoir à Raymond Poincaré l'avertit : « La place est bonne à l'Élysée. Malheureusement, il n'y a pas d'avancement. »

Proverbe chinois : « Il ne faut pas faire de prophéties, surtout quand elles concernent l'avenir. »

« Nous avons assez de force pour supporter les maux d'autrui. » (La Rochefoucauld)

« Il vaut mieux se laver les dents dans un verre à pied que les pieds dans un verre à dents. » (Pierre Dac)

Un champion automobiliste s'apprête à prendre part à la course en état d'ébriété : « Vous n'allez pas conduire dans ces conditions. Comment ferez-vous dans les virages ? C'est plutôt la ligne droite qui m'inquiète. »

« On ne perd rien à être poli, sinon sa place dans le métro. » (Tristan Bernard)

On peut aussi paraphraser une phrase célèbre pour la réduire à une évidence. On connaît la sentence de Pascal : « Le nez de Cléopâtre, s'il eût été plus court, la face de la terre aurait été changée. » Tristan Bernard ajoutait : « Et la sienne donc ! »

De Woody Allen, ce commentaire qui renforce une évidence : « L'argent est important, ne serait-ce que pour des raisons financières. »

« Qui trop embrasse, manque le train. »

« Tant va la cruche à l'eau qu'à la fin elle s'emplit. »

« Qui donne aux pauvres, prête à Dieu — Qui donne à l'État prête à rire. »

L'actrice Arletty disait de Tristan Bernard : « Il n'a jamais fait une faute de mauvais goût. »

Freud cite une réflexion au sujet d'une femme toujours mal peignée : « Elle est née décoiffée. »

Cette façon de déformer ou de paraphraser une formule usuelle se retrouve dans de nombreuses plaisanteries, par exemple cette affirmation bien connue : « C'est mon opinion et je la partage. » Freud cite aussi un début de lettre de Lichtenberg : « Nous, par la disgrâce de Dieu, serfs corvéables... »

André Roussin, alors qu'il était candidat à l'Académie française, se rassurait en ces termes : « Si je suis élu, je serai immortel, mais si je ne le suis pas, je n'en mourrai pas. »

Pierre Dac, spécialiste du comique loufoque et déjà cité à ce titre, savait mêler à ce genre le calembour et l'à-peu-près, par exemple en proposant cette formule : « Il vaut mieux être assis que debout, et vermouth qu'assis. »

Le colonel demande à son ordonnance d'aller lui chercher un médicament. Le soldat revient bredouille. « Je n'ai pas voulu entrer dans la pharmacie, car il y avait un écriteau : Ici, on exécute les ordonnances[1]. »

Le dentiste à sa cliente : « Votre dent est morte. Il lui faut une couronne — Inutile, enterrez-la sans cérémonie[2]. »

Selon Louis Jouvet, si l'administration militaire était bien faite, il n'y aurait pas de soldat inconnu.

Enfin, « la statistique a démontré que la mortalité dans l'armée augmente sensiblement en temps de guerre ». (Alphonse Allais)

L'évidence et la tautologie sont des excès de logique, et par conséquent des caricatures de celle-ci. L'évidence est d'autant plus amusante qu'elle ne répond pas à ce qu'on attendait.

On demandait à quelques écrivains quels seraient les

1. F. Biron, *Eh bien, raconte !*, Menges, 1977
2. *Ibid.*

trois tableaux qu'ils tenteraient de sauver si le Louvre brûlait : « Les plus près de la porte », dit l'un d'eux.

On posait à quelques écrivains la question : « Quel est, selon vous, le secret du bonheur ? » Réponse de Sacha Guitry : « Comment vous le dirais-je puisque c'est un secret ? »

« Ne prenez pas la vie au sérieux. De toute façon, vous n'en sortirez pas vivant. » (Fontenelle)

Une évidence à retardement apparaît dans certaines répliques : « N'as-tu pas eu à Londres trop de difficultés avec ton anglais ? — Non. Mais les Anglais, oui. »

Un patron recommande à sa secrétaire : « Vous écrivez la mention "strictement confidentiel", sur ce document. Je tiens à ce que tout le monde le lise. »

Parfois, en effet, l'évidence s'allie à une contradiction, ce qui rend plus problématique l'attitude à l'égard de la logique.

« Les Français sont toujours surpris par les événements qu'ils ont prévus. » (André François-Poncet) — « Impossible de dire mon âge. Il change tout le temps. » (Alphonse Allais)

« Voici que s'avance l'immobilisme, et nous ne savons pas comment l'arrêter. » (Edgar Faure)

« Le succès des autres nous gêne. Mais moins que s'il était mérité. » (Jules Renard)

« Papa, pourquoi les prunes noires sont-elles rouges ? — Parce qu'elles sont vertes. »

« Je n'aime que ceux qui me résistent. Malheureusement, je ne les supporte pas. »

« On demande personne ne sachant pas lire pour copier document confidentiel. »

« Est-ce bien ici que Wellington a prononcé ces paroles ? — Oui, mais ces paroles, il ne les a pas prononcées. » (Jacobson Follee)

« Les personnes qui nous adressent des lettres anonymes sont priées de joindre un timbre pour la réponse. »

« L'Angleterre et l'Amérique sont deux pays séparés par la même langue. » (Bernard Shaw)

« La jeunesse de l'Amérique est sa plus vieille tradition. »

« S'arrêter de fumer, c'est très facile. Je l'ai fait cent fois. » (Mark Twain)

« C'était un homme aigri par le succès. »

Le R.P. Carré cite une jolie phrase entendue au cours d'un bulletin météorologique annonçant « une tendance instable qui va s'installer ».

Un malade se plaignait : « Je ne tiens pas debout, même quand je suis assis. »

« La morphine est faite pour que les médecins dorment tranquilles. » (Sacha Guitry)

« Moi je ne suis pas superstitieux. Parce que cela me porterait malheur. »

Les spécialistes du loufoque s'amusent aussi à mélanger des formules connues pour en faire d'autres incompréhensibles. C'est un jeu facile dont voici quelques exemples :

« Une hirondelle ne fait pas le moine. » (Francis Blanche)

« On couche sur la paille qui est dans l'œil de son voisin, et on se chauffe avec la poutre qui est dans le sien. » (Alphonse Allais)

« J'aime mieux un oiseau dans un champ qu'une chaussette dans une brouette. » (Eugène Ionesco)

« Rien n'est moins sûr que l'incertain[1]. » (Pierre Dac)

1. Cf. J.-P. Lacroix, *H. comme humour*, J. Grancher, 1983.

« Il travaille comme un arrache-pied[1]. » (Henri Monier)

« Je n'ai pas de rancune, même contre les gens qui m'ont fait des choses que je n'oublierai jamais. »

« À l'école, tout le monde me détestait, parce que j'étais trop populaire. »

« Au théâtre, les spectateurs veulent être surpris, mais avec ce qu'ils attendaient. » (Tristan Bernard)

Dans une pièce de Sacha Guitry, un personnage attend avec impatience que sa nouvelle conquête vienne à son rendez-vous et il se dit : « Elle est en retard. C'est donc qu'elle viendra. »

Marie-Chantal est à l'école. La maîtresse ayant demandé aux élèves de faire la description d'une famille pauvre, voici sa rédaction : « Le papa était pauvre. La maman était pauvre. Les enfants étaient pauvres. La femme de chambre était pauvre. Le maître d'hôtel était pauvre. La cuisinière était pauvre. Le chauffeur était pauvre. »

« La mode, c'est ce qui se démode. » (Coco Chanel)

Jacques Deval faisait l'éloge de la jeunesse, mais il ajoutait : « Quel dommage de la laisser gaspiller par les enfants. »

Alphonse Allais trouvait stupide que la Compagnie des Chemins de Fer accorde des réductions pour les billets « aller et retour ». On devrait au contraire faire payer davantage les gens qui sont bien obligés de revenir.

On obtient un effet de surprise en montrant que des formules généralement admises ou du moins connues peuvent être inversées. C'est le cas de cette déclaration de Louis Scutenaire :

1. Cf. J.-P. Lacroix, *H. comme humour,* J. Grancher, 1983.

« Je suis trop honnête pour être poli. »

On peut aussi mettre en opposition deux jugements.

« Le pessimiste est celui qui pense que toutes les femmes sont légères. L'optimiste est celui qui l'espère bien. » (Marcel Achard)

La contradiction peut être concentrée en une phrase : « Quand je n'ai pas d'embêtements, je m'embête » — « Quand les blés sont fauchés, les cultivateurs sont riches. » (Yvan Audouard) — « J'ai revu Untel. Il avait tellement changé qu'il ne m'a pas reconnu. » (Tristan Bernard)

D'autres effets de surprise sont obtenus par des paraphrases, par des mots usuels transposés dans un autre contexte. Exemple : « Mon coreligionnaire en incroyance, Spinoza. » (Henri Heine)

On peut même se moquer à la fois de la grammaire, de la cohérence dans le vocabulaire et du bon sens. Ainsi :

« L'ivrogne remplit son verre plus que ses engagements » — « Ce brave militaire avait reçu plusieurs blessures. L'une au bras, l'autre à Madagascar et la troisième à l'improviste » — « C'était un homme d'esprit et du Canada » — Le fameux « Sapeur Camembert » de Jean Christophe proposait cette étrange définition : « Les hypocrites sont des gens qui, par devant, vous passent la main dans le dos, et par derrière vous crachent à la figure » — Il savait toucher les cœurs et les bénéfices. Il portait une lourde cruche et la Légion d'honneur. C'est ce que les érudits appellent un zeugma.

Les métaphores incohérentes ou surprenantes peuvent se rattacher à ce courant de drôleries. Extrait du discours d'un candidat aux élections : « Le gouvernement précédent avait laissé le pays au bord de l'abîme. Mais le nouveau gouvernement, heureusement, lui a fait faire un grand pas en avant. »

On peut aussi désarçonner un gendarme, en feignant de ne pas comprendre : « Madame, dit un pandore, les deux-pièces sont interdits sur cette plage. — Ah bon, laquelle des deux pièces dois-je enlever ? »

Quelques bonnes répliques sont fondées sur l'évidence et la logique douteuse. Voici un dialogue entre deux amants relevé dans une pièce de théâtre : « J'ai honte. C'est la première fois que je trompe mon mari — Mais moi aussi, c'est la première fois que je le trompe, ton mari. »

Freud cite quelques histoires que voici, pour illustrer ce qu'il nomme la technique du déplacement qui dissimule un sophisme derrière une apparente logique :

Un homme riche a prêté de l'argent à un ami pauvre. Il le rencontre au restaurant mangeant du saumon et du caviar et lui en fait reproche. Le débiteur, nullement gêné, réplique : « Sans argent, je ne puis pas manger de bonnes choses. Si je ne puis le faire quand j'ai de l'argent, alors quand en mangerai-je ? » — Un maquignon, pour vanter sa marchandise, dit à un client : « Si vous m'achetez ce cheval, vous serez en six heures à Presbourg — Eh ! qu'irais-je faire à Presbourg ? », répond l'autre.

Freud cite aussi un dialogue qui est un jeu avec la vérité sous l'angle du mensonge. Dans un train deux amis méfiants se rencontrent : « Où vas-tu ? — À Cracovie — Menteur ! Tu dis cela pour que je croie que tu vas ailleurs. Or je sais que tu vas à Cracovie. Alors, pourquoi mens-tu ? »

On peut ranger aussi dans le domaine du jeu, avec les fantaisies de la logique, quelques sentences contradictoires :

« Le bon marché est toujours cher » — « Ce sont toujours les mêmes qui se font tuer » — « Il n'y a que le provisoire qui dure » — « Les îles désertes sont les plus peuplées. »

Toujours dans le cadre de la guérilla contre les règles usuelles de l'entendement, on peut ranger aussi quelques scènes dans lesquelles le comique de répétition renforce l'effet de l'absurdité.

Un bel exemple en est fourni par un sketch du regretté Fernand Raynaud : Un client assis à une table dans un café commande « un café crème avec deux croissants — Je regrette, répond le garçon, mais nous n'avons plus de croissant — Qu'à cela ne tienne, rétorque l'homme conciliant, apportez-moi un chocolat et deux croissants ». Le garçon gentiment répète : « Nous n'avons pas de croissant — Bon, répond l'autre, ne vous énervez pas. Je ne suis pas le client embêtant. Je me contenterai de deux croissants. » Le garçon, au désespoir, crie un peu plus fort : « Pas de croissant. Nous n'avons plus de croissant. » Le patron du café, attiré par le bruit, intervient et prend la défense de son employé : « Vous avez de la chance, dit-il au gêneur, d'avoir affaire à un garçon patient. Moi, à sa place, j'aurais pris les deux croissants et je vous les aurais jetés à la figure. »

Fernand Raynaud, en récitant ce dialogue et en mimant la scène avec brio, obtenait un grand succès de rire. Or cette histoire n'est qu'une mise en scène de l'incompréhension et de l'idiotie. On pourrait en citer beaucoup d'autres du même genre, pour montrer que l'illogisme est un excellent et probablement éternel filon pour chansonniers et autres amuseurs, et qu'on peut même l'exploiter largement, en faisant durer le plaisir.

Plus brièvement, le non-sens peut agrémenter un compliment. Exemple : « Comme tu étais jolie au téléphone, hier soir. » (Sacha Guitry, évidemment)

Parfois, le jeu illogique s'affirme dans des phrases où la contradiction s'étale tout simplement, comme dans le poème bien connu que voici :

Un jour qu'il faisait nuit, je dormais éveillé,
Tout debout dans mon lit, sans avoir sommeillé,
Les yeux fermés, je vis le tonnerre en silence,
Par des éclairs obscurs annoncer sa présence.
Tout s'enfuit, nul ne bouge, et ce muet fracas
Me fit voir en dormant que je ne dormais pas.

Ailleurs, l'humoriste fait la bête, en faisant semblant de ne pas voir qu'il déraille ; tel Alphonse Allais prétendant que les Anglais étaient stupides, puisqu'ils donnaient à leurs rues des noms de défaites comme Trafalgar ou Waterloo.

Dans la catégorie des défis à la logique, on ne saurait négliger les histoires franchement et volontairement absurdes. Une enquête par sondage réalisée à ce sujet a montré qu'elles avaient un public très particulier composé surtout de jeunes. En général, elles font rire ceux qui en sont amateurs et laissent de marbre les autres.

Voici, à titre d'exemples, deux de ces drôleries à clientèle spécifique et fondées sur l'absurdité :

Dans un train, un voyageur est penché à l'extérieur par la vitre baissée et fait le geste de jeter quelque chose dans la campagne. Intrigué, un quidam finit par l'interroger : « Que jetez-vous là ? — C'est du tip-top — Mais à quoi cela sert-il ? — C'est pour les buffles. Ils adorent cela — Mais il n'y a pas de buffle dans le paysage que nous traversons. Simplement des vaches — Je le sais bien, mais ce n'est pas du véritable tip-top. » Est-ce un dialogue comique ? Avis partagés.

Il en est de même pour une autre absurdité qui fait rire certaines personnes et qui est même un classique du genre. Dans le désert, deux personnages cheminent côte à côte et finissent par converser. Or, l'un d'eux porte sur son dos une cabine téléphonique, et l'autre a dans les bras une lourde enclume. « À quoi sert votre cabine dans le désert ? — « C'est à cause des lions. S'il en arrive un je me mettrai à l'abri là-dedans. Mais vous, pourquoi vous chargez-vous de cette enclume ? — C'est aussi à cause du lion. S'il arrive, je pose l'enclume à terre, et je peux courir deux fois plus vite. »

Ne sommes-nous pas revenus ici aux histoires de fous ? En effet, une de celles-ci, fort classique, est fondée sur le même principe. Un fou se frappe le crâne à coups de marteau : « Pourquoi faites-vous cela, lui demande-t-on. Cela doit vous faire mal — Bien sûr, répond-il, mais cela fait tellement de bien quand je m'arrête. » Après tout, on peut trouver dans ce dialogue une leçon philosophique. Et peut-être le comique de l'absurde a-t-il une valeur édifiante.

Comme l'avait bien vu Kant[1], c'est assez souvent une suite inattendue qui donne à une pensée une coloration

1. « Le rire naît de la soudaine réduction à rien d'une expectative intense. »

comique. Mais cet effet spécial n'est en définitive qu'un cas particulier du jeu qui délivre du déterminisme, car la suite logique aurait été celle qu'on attendait.

À ceux qui précèdent, ajoutons quelques exemples :

« Madame, c'est l'accordeur de piano qui a sonné — Mais je ne l'ai pas demandé — Mais il vient de la part des voisins. »

La vieille dame est venue voir son arrière-petit-fils qui vient de naître. Elle s'extasie sur son joli nez, son petit menton, son mignon ventre et, regardant plus bas, elle ajoute : « Oh ! mais c'est un garçon si j'ai bonne mémoire. »

Une star d'Hollywood raconte au journaliste : « Je n'ai jamais de chance. Chaque fois que je rencontre un type bien, il est marié, ou bien c'est moi qui le suis. »

« Elle était tellement paresseuse qu'elle ne faisait même pas son âge. » (Sacha Guitry)

« Fille perdue cherche place aux objets trouvés. » (Asserman)

« C'est déjà embêtant de ne pas avoir d'argent. Mais s'il fallait se priver, cela deviendrait intolérable. » (Sacha Guitry)

Un client achète un mouchoir de soie : « Faites un beau paquet-cadeau, c'est pour l'anniversaire de ma femme — Cela, dit le vendeur, va lui faire une très belle surprise — Je pense bien, répond l'acheteur. Elle s'attend à recevoir un manteau de vison. »

« L'immobilité est le plus beau mouvement du soldat. » (Caran d'Ache)

« Mirabeau est capable de tout pour de l'argent. Même d'une bonne action. » (Rivarol)

« J'adore le travail. Oui je peux regarder un homme travailler pendant des heures. » (Jerome K. Jerome)

« Elle est partie enfin ! Enfin me voilà seul. C'était depuis des années mon rêve. Je vais enfin vivre seul. Et déjà je me demande avec qui. » (Sacha Guitry)

Feydeau reprend son vestiaire à l'entracte. Le préposé qui le connaît lui dit : « Mais monsieur Feydeau, il y a encore un acte — C'est bien pour cela que je m'en vais. »

À l'enterrement d'un milliardaire un homme pleure. On lui demande : « Vous êtes sans doute de la famille ? — Non. Et c'est bien pour cela que je pleure. »

Une pièce d'Yves Mirande n'avait aucun succès. Le directeur du théâtre lui en fit reproche :

« Votre pièce ne plaît pas au public, lui dit-il — Qu'en savez-vous ?, répondit l'auteur, puisque personne ne vient la voir. »

« Comment avez-vous fait pour devenir millionnaire en jouant au casino ? — J'étais d'abord milliardaire. »

« J'ai rencontré ma femme dans un night-club — Oh ! c'est très romantique — Pas du tout. Je croyais qu'elle était à la maison en train de garder les enfants. »

« Je vais devenir papa — Pourquoi cela vous rend-il triste ? — Parce que ma femme ne le sait pas encore. »

Le docteur : « Madame, votre mari que je viens d'ausculter a besoin de repos. J'inscris sur l'ordonnance un tranquillisant. Vous en prendrez quatre cachets par jour. »

Parmi les plaisanteries qui sont fondées sur des défis à la logique, il en est qui prennent pour cibles non seulement des fous, comme on l'a vu précédemment, mais aussi des personnes qui ne sont pas dans un état tout à fait normal.

Dans les vaudevilles, on fait aisément rire avec les personnages en état d'ébriété.

Un acteur célèbre a longtemps joué ce rôle avec succès dans une pièce qui s'intitulait *Les vignes du seigneur.* Il se confiait alors au mari de sa maîtresse, Hubert, pour lui dire la peine qu'il avait à le trahir tout en lui manifestant son inégalable amitié. Il n'oubliait pas Hubert quand il était avec sa femme, et celle-ci s'irritait même de l'entendre toujours évoquer Hubert. « Tu es jalouse d'Hubert », disait-il à sa maîtresse. Et dans son état d'ivresse, il se vantait de cette sollicitude auprès de son ami en lui avouant qu'il le trahissait. La salle riait et l'applaudissait.

Au hasard de la fourchette, voici deux histoires d'ivrogne :

L'un d'eux s'est engagé dans une voie à sens interdit, et tient ce langage à l'agent qui l'interpelle. « Excusez-moi, Monsieur l'agent, je suis obligé d'aller vite, car je dois être en retard. Je vois toutes les voitures qui reviennent. »

Un autre ivrogne est par hasard témoin d'un accident. Un agent lui demande s'il a bien vu la collision « Oui, répond-il, j'ai vu l'accident aussi bien que je vous vois, Monsieur le curé. »

On n'a guère de scrupules à se moquer des victimes de l'alcool, car si elles se comportent de façon insolite, c'est bien de leur faute.

On hésite davantage à tourner en dérision les personnes qui sont anormales à cause d'une infirmité. En principe, on ne brocarde pas les aveugles. À la rigueur on peut rire des myopes, s'il leur arrive de commettre des erreurs dont ils sont les premiers à rire.

Les bègues ne sont pas toujours épargnés, notamment celui qui aurait dit à un ami atteint de la même infirmité :

« Pour-pourquoi ne ne vas-tu-tu pas voir le mé-médecin qui m'a gué-guéri ? »

On a cité déjà, mais on peut rappeler la réponse du « Diable boiteux » à une dame qui louchait et se moquait de sa claudication : « Comment allez-vous, monsieur de Talleyrand ? — Comme vous voyez, Madame. »

Citons aussi la mésaventure du colonel affligé de strabisme et qui passe en revue son régiment : « Comment t'appelles-tu ? demande-t-il au premier soldat de la rangée — Durand, mon colonel, répond le deuxième soldat — Je ne t'ai rien demandé, dit le gradé en fixant le troisième — Mais je n'ai rien dit, mon colonel, dit le quatrième. »

Quant aux sourds, ils sont affligés d'une infirmité qui favorise les quiproquos. Nous ne saurions éviter de citer le célèbre et très éculé dialogue entre deux durs d'oreille :

« Tiens, vous allez à la pêche — Non je vais à la pêche — Ah je croyais que vous alliez à la pêche. »

La distraction, qui n'est pas une infirmité, mais qui prive, elle aussi, d'un comportement normal, peut par conséquent favoriser des prétextes à l'humour fondé sur ce qui est en marge de la raison, de la logique.

La Bruyère a su exploiter cette source de comique avec grand talent, en présentant le personnage de Ménalque qui fait tout de travers.

D'autres traits de caractère conduisent à des actes et des paroles échappant aux lois de la raison et propres à fournir des effets comiques. Par exemple, après Plaute, Molière a su faire rire aux dépens de l'avarice. Dans une scène célèbre, Harpagon veut absolument s'assurer que son valet La Flèche ne dissimule pas d'argent en sortant de la maison : « Viens ça que je voie. Montre-moi tes mains

— Les voilà — Les autres — Les autres ? — Oui — Les voilà. »

On a parfois reproché à Molière d'avoir, avec ce dialogue, poussé un peu trop loin le jeu avec la déraison, au point d'oublier la vraisemblance.

Tout ce qui est excessif, hors de la norme, peut faire rire parce qu'il s'agit là d'un moyen de jouer avec les règles de comportement les plus usuelles.

Se rattachent à ce procédé les histoires classiques brodées sur les types régionaux et nationaux. L'avarice des Écossais, la paresse des Corses, le flegme des Anglais, la lenteur des Belges, l'exagération des Marseillais, la gouaille des Parisiens sont des thèmes classiques et sans doute peu mérités, mais cette psychologie des peuples a la vie dure. On remplirait aisément un volume si l'on voulait en établir un répertoire.

Un seul exemple sur ce thème, sous forme de dialogue :

— Je vais te raconter une histoire sur les Flamands.

— Attention, c'est que je suis flamand, moi.

— Cela ne fait rien. Je vais te la raconter très lentement.

Au lieu d'énumérer d'autres plaisanteries du même genre, citons plutôt celle qui remet le moqueur à sa place. La lourdeur d'esprit que l'on prête bien à tort à nos voisins belges a suscité la mise au point suivante qui est un retour à l'envoyeur : « Pourquoi les Français aiment-ils les histoires belges ? — Parce qu'elles sont faciles à comprendre. »[1]

Puisque l'excès est une façon de sortir des mécanismes habituels et de la monotonie, il est naturel que l'on s'amuse

1. Dans le *Dictionnaire des idées reçues* (Les Hexagones, Robert Laffont, 1994), Alain Schiffres propose ce conseil : « Dénoncer le racisme latent des histoires belges, puis en raconter. »

à chercher ce qui est hors catégorie. Ce procédé se combine fort bien avec les stéréotypes de la vulgaire psychologie des peuples déjà évoqués.

Voici quelques exemples :

« Un jour dans une rue d'Édimbourg un Écossais laissa tomber un penny. La bagarre causa deux morts. »

« Papa, j'ai économisé dix pence. Au lieu de prendre l'autobus, j'ai couru derrière — Petit imbécile, si tu avais couru derrière un taxi, tu aurais économisé trois shillings. »

Un Belge revient bredouille de la chasse aux escargots : « J'en ai vu un, dit-il, mais il m'a échappé. »

On connaît la classique histoire du Marseillais qui prétendait avoir vu une sardine bouchant le port et qui, le bruit s'étant répandu, finit par croire que c'était vrai.

Hors de ces sentiers folkloriques trop battus, mais dans la même ligne, on peut citer ce qu'on nomme les combles.

Le comble du mélomane, c'est l'homme qui, entendant une jolie femme chanter dans sa salle de bains, colle son oreille au trou de la serrure.

Selon Marcel Achard, le comble de l'optimisme consiste à acheter un billet de loterie et une automobile, en comptant sur l'un pour payer l'autre.

Pour Tristan Bernard, c'est aller dans un grand restaurant, commander des huîtres et compter sur la perle pour payer l'addition.

« Les technocrates, si on leur donnait le Sahara, il faudrait, au bout de cinq ans, qu'ils achètent du sable ailleurs. » (Coluche)

« Beethoven était tellement sourd que toute sa vie, ıl a cru qu'il faisait de la peinture. » (Gotlile)

« Le comble pour un chauve, c'est de pêcher une raie. » (Coluche)

« Un vrai xénophobe est celui qui déteste à ce point les étrangers que lorsqu'il va dans leur pays, il ne peut pas se supporter. » (Raymond Devos)

« J'ai vu un film tellement mauvais que les gens faisaient la queue pour sortir. »

« Le comble du malheur : se jeter à l'eau pour noyer son chagrin. »

« Le comble de la ressemblance : pouvoir se faire la barbe devant son portrait. »

« Le comble de l'inattention : se perdre dans une foule et aller au commissariat pour donner son signalement. » (Alphonse Allais)

Enfin, pour musarder hors des sentiers de la raison, on peut aussi prêter la parole aux animaux. Le répertoire, ici, est très vaste. En voici un bref aperçu :

À la sortie du cinéma, une puce dit à l'autre : « On rentre à pied ou on prend un chien ? »

Les Américains, dit-on, ont une prédilection pour ce qu'ils nomment les *dog stories*. André Gide, dans *Ainsi soit-il,* déclare qu'il les apprécie lui aussi, et il cite l'exemple que voici : Dans un café s'affrontent de chaque côté d'un échiquier un homme et un chien qui, avec sa patte, pousse une pièce. Un client regarde la scène, émerveillé, et dit au joueur humain : « Votre chien joue vraiment. Il est d'une intelligence extraordinaire — Non, dit l'homme, il ne faut rien exagérer. Il vient de perdre les deux dernières parties. »

Voici une *bird-story* qu'eût sans doute aimée André Gide. Sortant d'une vente aux enchères, un monsieur tenant une cage à la main dit à son épouse : « J'ai peut-être eu tort d'acheter cet oiseau pour 5 000 francs, je ne suis même pas sûr qu'il sache parler. » Alors le perroquet s'écrie : « Si je sais parler ? Qui donc, à votre avis, a fait monter les enchères ? »

Enfin, même s'il n'est pas charitable de se moquer des vieillards qui perdent un peu la raison, on peut admettre qu'ils reconnaissent eux-mêmes avec humour les atteintes de l'âge. Pierre-Jean Vaillard cite la réflexion d'un presque centenaire : « Je vais très bien, sauf que j'ai des pertes de mémoire. Ainsi, voyez-vous, il m'arrive souvent de poursuivre une jolie femme, mais je ne me rappelle plus pourquoi. »

Quand les règles ordinaires du raisonnement, du comportement, de l'environnement, sont mises par jeu entre parenthèses, on se trouve ramené à l'époque mythique où tout était possible, où les bêtes parlaient. C'est d'ailleurs également le retour au monde magique des enfants, dont les réflexions hors de la logique nous amusent et nous enchantent.

En voici trois exemples :

Au téléphone, Toto s'adresse au directeur de son école : « Monsieur le directeur, mon fils est souffrant et ne pourra pas venir aujourd'hui — Qui est à l'appareil ? — C'est papa. »

On demande à une fillette ce qu'elle veut comme cadeau pour Noël, et elle réclame des préservatifs. Comme les parents s'étonnent, elle explique : « J'ai déjà dix poupées. Je n'ai pas envie d'en avoir davantage. »

Un très petit garçon est amené à l'opéra par ses parents. Il leur pose quelques questions :

— Quel est ce monsieur qui nous tourne le dos ?
— C'est le chef d'orchestre.
— Pourquoi menace-t-il avec un bâton la dame qui chante ?
— Il ne la menace pas.
— Alors pourquoi crie-t-elle ?

Il est vrai que les mots d'enfants sont parfois plus subtils et, s'ils ne bousculent pas l'entendement, ils peuvent ébranler nos façons de voir. C'est ainsi qu'une fillette, mise en présence de la célèbre statue de Rodin intitulée *Le Penseur* et à qui l'on demande ce qu'elle en pense, fait cette réflexion : « Je crois qu'il se demande où il a mis ses vêtements. »

Dans certains cas, l'image d'un monde mythique où les jugements ne sont pas encore canalisés par des règles peut avoir le charme et la fraîcheur d'une évasion. Folie, ivresse, évidence et logique poussées jusqu'à l'absurde, contradictions trop voyantes, distractions, petits travers folkloriques, combles, animaux qui parlent, paroles enfantines, tout cela nous fait retourner à une sorte d'innocence primordiale.

Le sociologue Lévy-Bruhl, se fondant sur les rapports des ethnologues, explorateurs et missionnaires, concluait à l'existence chez les peuples qu'on appelait primitifs d'une façon de penser qu'il nommait « prélogique » et qui était orientée par la « catégorie affective du surnaturel ». D'autres anthropologues, notamment des existentialistes et des phénoménologues, comme Van der Leeuw, ont estimé qu'en tout homme coexistaient une pensée rigoureusement logique et rationnelle et une pensée plus fantaisiste.

Claude Lévi-Strauss n'accepte pas cette dualité, mais il estime, très justement, que la pensée peut être plus ou moins linéaire, abstraite. Le comique consiste dans certains cas à jouer sur cette plus ou moins grande souplesse. En réalité, celui qui rit des plaisanteries en marge de la logique ne la respecte pas moins pour cela. S'il s'en réjouit, c'est précisément parce qu'il la respecte, qu'il la sait inviolable et qu'il s'amuse de la voir violentée sans danger, comme dans un monde à part, celui où tout serait permis.

7

LE COMIQUE INVOLONTAIRE

Les histoires de fous méritaient, certes, d'être citées en tête du florilège illustrant les drôleries qui sont un défi à la raison. Mais elles pourraient également figurer en bonne place dans un palmarès couronnant ce qu'on nomme en général des bourdes, dans la mesure où elles prêtent à rire. On peut les considérer comme du comique involontaire.

Nous retrouvons ici la théorie de Bergson, puisque à vrai dire, dans ces cas, le rire qui salue les gaffes peut bien être interprété comme une sorte de sanction. D'ailleurs, ce ne serait même qu'un paragraphe dans le chapitre plus large de la dérision, de la moquerie. Le ridicule, selon une formule bien connue, est censé tuer celui qui s'en rend coupable.

Il faut cependant noter qu'il n'est pas toujours involontaire. Le clown qui se met un faux nez rouge fait exprès d'inspirer à la fois une sorte de pitié et le franc rire des jeunes clients du cirque.

Est-ce à dire que l'on verrait se confirmer ainsi l'idée bergsonienne selon laquelle le comique est ici une réaction de censure contre le mécanique plaqué sur du vivant ?

La bourde, qu'elle soit volontaire ou qu'elle ne le soit pas, est bien plutôt une sorte de revanche de l'insolite sur la routine. C'est un peu comme la pierre sur laquelle bute le piéton à l'allure empesée. On rit du maladroit parce qu'il ne se conforme pas à la règle du groupe. Le faux nez rouge sur le visage du clown le fait sortir de la condition humaine normale. On est donc ramené ici encore à la même explication. Le comique est une invitation à se réjouir d'une exception aux normes et à fêter une évasion, voulue ou non, par rapport aux usages contraignants. Le gaffeur réalise, souvent contre son gré, une entorse à ce qui était programmé, attendu, déterminé dans son cadre social.

Dans ce registre, on peut citer d'abord l'impolitesse par étourderie ou par manque d'éducation sans intention de blesser :

Un chauffeur de camion complaisant s'arrête pour répondre à l'appel d'une auto-stoppeuse et lui dit gentiment : « Montez. Je ne suis pas de ces mufles qui ne prennent que les jolies femmes. »

On félicitait l'actrice Madame Denis à l'issue d'une générale. « Il faudrait, dit-elle modestement, pour tenir ce rôle, être belle et jeune — Ah, répondit un flatteur maladroit, vous donnez la preuve du contraire ! »

Petit dialogue stupide entre amoureux : « Chéri, que préfères-tu : une femme jolie ou une femme intelligente ? — Ni l'une ni l'autre. Tu sais bien que je n'aime que toi. »

« Dois-je me faire belle pour aller à cette soirée ? — Mais non, reste comme tu es. »

« Dis-moi bien, chérie, que je suis le premier homme dans ta vie — Oui, tu le sais bien. Mais je me demande ce qu'ont tous les hommes à me poser la même question. »

On peut rire aussi de celui qui tombe dans un piège :

« Seuls les idiots n'ont pas de doutes et peuvent être résolument affirmatifs — En êtes-vous sûr ? — Absolument certain. »

Tous les potaches connaissent la plainte du professeur las d'être interrompu : « Chaque fois que j'ouvre la bouche, il y a un imbécile qui parle. »

Les hommes politiques ont tellement l'occasion de parler qu'on peut avoir quelque indulgence pour les erreurs de langage qu'ils commettent. Cela n'empêche pas qu'on ait le droit d'en rire. Le Club de l'humour politique en relève chaque année quelques jolis exemplaires qui valent à leurs auteurs d'être couronnés par des prix qu'ils acceptent généralement avec humour. Dans ce palmarès voici quelques exemples de comique involontaire. Nous nous bornons ici à désigner les lauréats par des initiales, bien que leurs noms aient été rendus publics par la presse, la radio et la télévision :

« Quand vous êtes dans un monde d'hommes, les gens, si vous les laissez faire, ont tendance à se reproduire entre eux. » (Mme E.G.)

« Je suis fière de ce que nous avons fait, et encore plus de ce qui reste à faire. » (Mme S.R.)

« Sans épouses consentantes, il n'y aurait pas de pompiers. » (J.-F.P. faisant l'éloge des « soldats du feu »)

« Le plan sécheresse n'est pas un arrosage. » (H.N.)

« Nous savons désormais avec certitude que c'est en amont qu'il faut retenir l'eau. » (J.B. après les inondations de la ville dont il était le maire)

« Je tiens à rendre hommage à l'ensemble des personnels de notre direction qui ont participé à la lutte contre le fléau social que constitue la sécurité routière. » (G.S.)

« Le silence des urnes nous interpelle. » (A.L.)

« Je ne fais jamais de promesse, mais je les tiens. » (E.B.)

Si le prix de l'humour avait existé plus tôt, il aurait certainement couronné beaucoup d'hommes politiques importants, notamment celui qui, très fier d'être un « self-made-man » se présenta en ces termes à ses électeurs : « J'ai débuté avec ma seule intelligence. Autant dire rien. »

On rit aussi de ceux qui s'expriment mal par manque de culture :

« Ces gens ne sont pas tellement riches. Ils jouent à deux sur le même piano. »

Petit dialogue : « Vous allez demain aux *Noces de Figaro* ? — Non j'enverrai un carton. »

Discussion entre pandores : « Oh ! Brigadier. Regardez là-haut. Une hélicoptère — Voyons, gendarme, ce n'est pas une hélicoptère, mais un hélicoptère — Eh bien, on peut dire que vous avez de bons yeux, brigadier ! »

À la caserne, un soldat raconte à un gradé qu'il a un ongle incarné dans la chair : « C'est un pléonasme » lui rétorque le supérieur. Le soldat va consulter le médecin : « Qu'avez-vous ? — J'ai un pléonasme ; j'enlève mon soulier pour vous le montrer. »

À la pharmacie : « Je voudrais un thermomètre — « Rectal ou frontal ? — Peu importe la marque. » (d'après Jean Roucas)

Que pensez-vous des guerres médiques ? — Toutes les guerres le sont. Mais pourquoi choisir un terme aussi vulgaire ? (d'après J.-C. Lacroix)

À l'ONU, on demande : « Y a-t-il ici un bon traducteur de l'anglais en français ? — Oui, je. »

Quelques bourdes entendues à la radio :

« *In partibus,* c'est un coup mal placé au rugby ou à la boxe. »

« L' *Homo sapiens* — Non, ça ne pionce pas toujours. »

« Le docteur lui a prescrit de l'eau d'un homme. »

« On lui a administré des piqûres de courtisane. »

« L'épée de madame Oclès. »

« Il nous a fait une crise de delirium heureusement très mince[1]. »

Une faute classique est celle de l'élève qui, rédigeant une dissertation sur Sainte-Beuve, la conclut en ces termes : « La sainte avait raison. »

Des dialogues avec une personne connaissant mal notre langue peuvent conduire à de charmantes méprises :

Un étranger arrive dans un hôtel et, à la jolie réceptionniste qui lui demande son nom, répond : « Ralh Czertonik — Vous m'épelez, dit en souriant la jeune fille — Oh, répond le client, mais vous me plaît aussi beaucoup. » (cité par Jean Charles)

La bourde peut avoir l'allure d'un calembour.

Par exemple, un notable, présidant une remise de prix dans une école de jeunes filles, commença son discours en ces termes : « Quand je contemple ces jeunes filles dont l'essaim s'enfle sans cesse... » (cité par Jean Charles)

1. Cf. Jean-Paul Lacroix, *S. comme sottise,* J. Grancher, 1984.

La naïveté, l'inconscience sont parfois risibles :

Au cours d'un incendie, une dame s'adresse aux pompiers : « Quand vous aurez fini, vous seriez aimables d'arroser mon géranium. »

Dans les comédies de Molière, les médecins, en poussant à l'extrême leurs certitudes, tombent dans un travers ridicule :

Dans *L'Amour médecin,* Bahis déclare : « Il vaut mieux mourir selon les règles que réchapper contre les règles. » Dans la même pièce, Desfonandres est de cet avis : « Il faut toujours garder les mêmes formalités quoi qu'il puisse arriver. »

Les véritables bourdes sont plutôt celles que l'on relève dans la presse et dans diverses déclarations. Un excellent sottisier est à la disposition des lecteurs dans un livre à succès que préfaça André Roussin, et dont les auteurs étaient A. Aycard et J. Franck[1]. On peut se référer aussi aux œuvres de Jean Charles[2] et à la rubrique du *Canard enchaîné* intitulée « À travers la presse déchaînée ». Il peut s'agir de simples fautes d'impression ou d'erreurs de transmission, ou encore d'étourderies. Il n'est pas question ici d'en faire le catalogue, on se contentera d'un simple florilège.

Voici d'abord quelques échantillons tirés de *La réalité dépasse la fiction* glanés dans la presse et cités dans le livre avec les références exactes :

1. Albert Aycard et Jacqueline Franck, *La réalité dépasse la fiction,* Gallimard, 1955.
2. Jean-Charles, *Le Rire sur ordonnance,* Presses de la Cité, 1976 ; *Vingt Cancres après, ibid.*, 1966 ; *La Bataille du rire,* Presses Pocket, 1970 ; *Les Perles du facteur,* Calmann-Lévy, 1959.

« Van Phéony fit claquer silencieusement ses talons. »

« La France est le seul pays d'Europe où l'on mange autant de viande qu'ailleurs. »

« La voiture découverte malgré le crachin de M. René Coty ralentissait à chaque village. »

« Il était fiévreux, depuis qu'il avait reçu un coup de fourche à la tête de son voisin. »

« H. Gall s'est-il donné la mort avant de se jeter à l'eau ? »

Dans le même recueil, on peut trouver aussi de curieuses petites annonces :

« Demande célibataire toutes mains pour faire la cour. »
« Prendrais bébé, ayant notions de puériculture. »

Voici quelques autres extraits de presse surprenants :

« Le mystère de la femme coupée en morceaux reste entier. » *(Est-Éclair)*

« Il s'est brûlé la cervelle en se tirant une balle en plein cœur[1]. »

« On pouvait espérer que les députés ne resteraient pas sourds au muet appel d'une opinion publique inquiète. »

« Des anges agenouillés plus grands que nature. »

« Vends buffet Henri II style Empire[2]. »

Entendu à la radio : « Après ce communiqué, voici la suite de notre musique ininterrompue. »

L'administration, sous ses différents aspects, reçoit des lettres étranges :

« Je ne peux pas toucher mes prestations, ne sachant où m'adresser, car j'ai accouché entre deux caisses. »

1. Cités par Philippe Héraclès, *Le Grand Livre de l'humour noir*, Le Cherche-Midi, 1992.
2. Cités dans *La réalité dépasse la fiction, op. cit.*

« Il n'y a pas de raisons pour que je paye, je ne suis pas une personne physique, je suis invalide. »

Un mot mal placé peut rendre une phrase équivoque, comme dans cette annonce : « À vendre, chemises de nuit pour dames légères. »

Sacha Guitry a, dans une de ses pièces, fait sourire son public avec la légendaire ignorance des Français en matière de géographie. La domestique annonce : « Il y a un Norvégien qui demande à voir Monsieur — Mais qui est-il, ce Norvégien ? — C'est un Suédois. »

Jean Charles a présenté une jolie collection de phrases témoignant d'une ignorance qui, toujours pour les mêmes raisons, peut être comique :

« Je ne peux pas payer mon tiers providentiel. »

« J'ai besoin d'un extrait de casier judiciaire. Voulez-vous m'en extraire un ? »

« C'est un cercle visqueux. »

« Mon fils est tout frais vermoulu du Conservatoire. »

« Nous avons mangé un coq de gruyère. »

« Un supplice de Cantal. »

« Elle a une langue de vicaire. »

Le même auteur présente aussi une liste de calembours involontaires glanés sous la plume de quelques grands écrivains. Ils sont d'ailleurs pour la plupart devenus presque classiques :

« Et le désir s'accroît quand les faits se reculent. » (Corneille, *Polyeucte*)

« Car ce n'est pas régner qu'être deux à régner. » (Corneille, *La Mort de Pompée*)

« J'habite à la montagne et j'aime à la vallée. » (Vicomte d'Arlincourt)

« Le prince baise la main de la comtesse et s'affaisse. » (Alexandre Dumas)

« Mais tous, même les morts, ont fui jusqu'au dernier. » (Sully Prudhomme, *Stances et Poèmes*)

Ajoutons à cette liste deux alexandrins qui, bien qu'il les eût supprimés, contribuèrent à la célébrité d'Alexandre Dumas :

Je sortirai du camp, mais quel que soit mon sort,
J'aurai montré du moins comme un vieillard en sort.
(Le Camp des croisés)

On peut, bien souvent, rire de fautes d'imprimerie non seulement dans « La presse déchaînée », comme on vient de le voir, mais aussi dans quelques livres. Certaines sont cocasses et même amusantes sauf pour l'auteur qui peut souffrir de constater qu'on a déformé sa pensée. En voici un bel exemple, extrait de *La Grammaire de la ponctuation* d'Arsène Petit : Un écrivain en relisant les épreuves de son livre intitulé *Du traitement des aliénés,* s'aperçut que des citations faites par lui ne comportaient pas de guillemets. Il renvoya ces feuilles en joignant sur la page concernée l'indication suivante : « Il faut guillemeter tous les alinéas. » Quelle ne fut pas sa stupéfaction, en recevant l'édition définitive, de lire cette phrase insérée dans le texte : « Il faut guillotiner tous les aliénés. »

Gaffes, bourdes, erreurs, jeux de mots involontaires, tous ces incidents du langage écrit ou parlé prêtent à rire dans la mesure où l'on peut les considérer comme des jeux du hasard qui démantibulent les systèmes et ridiculisent nos attentes, notre souci de rigueur. Ils sont une démonstration, une illustration des principes exposés en tête de ce livre.

8

DÉRISION, CRITIQUE, HUMOUR

Il semble qu'à certaines époques la dérision ait été un élément du comique particulièrement en faveur. C'est peut-être le cas aujourd'hui. Certes, parmi les mots qui ont été cités dans les précédents chapitres, notamment dans le cadre des reparties, ce type de plaisanterie apparaît déjà assez nettement. On pourrait cependant ajouter à ces exemples des phrases plus nettement orientées par l'esprit critique ou le cynisme.

C'est le cas d'une réplique d'Alphonse Allais, ce spécialiste des bons mots.

Il s'amusait un jour à essayer une fronde dans la cour de son immeuble. La concierge affolée s'écria : « Vous allez tuer mes enfants — Ce n'est pas grave, dit l'humoriste, je vous en ferai d'autres. » Il est bien capable d'avoir réellement osé s'exprimer ainsi.

Dans un salon britannique, une dame que Churchill avait contrariée exprima rudement sa fureur : « Si j'étais votre femme, je mettrais du poison dans votre thé — Si j'étais votre mari, Madame, répondit le ministre, je le boirais. » La réaction sévère peut être polie. Le même Winston Churchill avait affaire à un quémandeur qui lui demandait : « Monsieur le Premier Ministre, vous ai-je parlé de mon neveu ? — Non, jamais, et je vous en suis très reconnaissant. »

Une réponse peut aussi, tout en étant courtoise, cacher beaucoup de perfidie. Une danseuse de ses amies se plaignait auprès de Sophie Arnould d'avoir été traitée de catin. La célèbre cantatrice la calma en ces termes : « Ne vous en inquiétez pas. Les gens sont si grossiers aujourd'hui qu'ils appellent les choses par leur nom » — Forain, à la vue d'une danseuse dans une loge : « Tiens, elle montre aussi son visage. »

Il est des critiques parfois spirituelles qui portent sur certaines catégories de personnes plus ou moins définies, à commencer par celle des raseurs :

« Vous parliez beaucoup, l'autre soir, avec des gens pourtant ennuyeux, disait-on à Rivarol — Je parlais de peur d'écouter. »

« Il y a des gens qui augmentent votre solitude en venant la troubler. » (Sacha Guitry)

« Il y a des gens tellement ennuyeux, disait Jules Renard, qu'ils vous font perdre une journée en cinq minutes. »

Le prétoire se prête souvent à des interventions fort critiques. Ainsi, Maître Floriot, plaidant pour Mességué, n'hésitait pas à déclarer :

« On reproche à mon client de n'être pas médecin. Eh bien, lui, il reproche aux médecins de n'être pas des guérisseurs. »

Chamfort rencontrant un jour son médecin partant pour la chasse armé d'un fusil lui demanda : « Pourquoi ce fusil ? Avez-vous peur de manquer vos malades ? »

À un ami qui, très fier, lui annonçait qu'il venait d'être nommé médecin de la reine, un Anglais répondit brièvement : *« God save the Queen. »*

Les plaisanteries plus ou moins désagréables à l'égard de l'honorable profession médicale sont légion.

Le monde du théâtre ne déteste pas des critiques tournant à l'autosatisfaction :

« Tous les hommes sont comédiens, disait Sacha Guitry, sauf peut-être quelques acteurs. »

Les disciples de Socrate ne sont pas toujours épargnés. Selon André Gide, « quand un philosophe vous répond, on ne comprend même plus ce qu'on lui avait demandé ».

Les experts peuvent avoir la dent dure en évitant de prendre parti : « Que pensez-vous de ma collection ? demandait-on à l'un d'eux — Comme expert ou comme invité ? »

Les militaires suscitent souvent des sarcasmes. Tristan Bernard disait : « J'ai compris pourquoi nos généraux ont gagné la guerre. C'est qu'ils avaient en face d'eux d'autres généraux. »

Sur cette lancée, on atteint le domaine de ce que l'on appelle en langage trivial les vacheries. Toutes ne sont pas comiques, mais il en est qui sont lestées d'une dose d'esprit ou d'humour, soit qu'elles réservent une surprise, soit qu'elles jouent avec le vocabulaire et en tout cas parce qu'elles manifestent une certaine libération par rapport aux routines et aux mécanismes de la banalité.

Voici quelques exemples de ces méchancetés pouvant faire rire non pas sans doute celui qui en est la cible, mais ceux qui en sont témoins directement ou indirectement. On peut les répartir, selon la forme, en deux catégories : celles qui sont de simples affirmations et celles qui s'inscrivent dans un dialogue comme des répliques.

Dans la première de ces deux catégories, commençons par les plus anodines pour aller vers les plus acides.

Pour remonter loin dans le temps, citons un jugement bien connu des étudiants littéraires : « Platon m'est cher, mais la vérité me l'est encore davantage. » Et plus près de nous, un mot du président François Mitterrand cité par Franz-Olivier Giesbert : « Michel Rocard a des talents, mais je ne suis pas sûr qu'il ait des qualités. »

Voici, en vrac, quelques jugements sur diverses personnalités :

« Le plus grand poète français ? Victor Hugo, hélas ! » (André Gide)

« Cocteau est profondément superficiel. » (Paul Claudel)

« Malraux ou le brouillon de culture. » *(Le Canard enchaîné)*

« Boulez, le décompositeur. » (Jean-Edern Hallier)

À l'issue d'un très long conseil des ministres présidé par Louis XVIII, on s'enquit auprès de Talleyrand, qui y avait assisté, des raisons de cette prolongation : « Le roi est resté trois heures en son conseil. Que s'est-il passé ? — Trois heures. »

Clemenceau, parlant de son collaborateur Georges Mandel : « Il n'a pas d'idées, mais il les défendrait jusqu'à la mort. »

Forain tenait des propos semblables au sujet du ministre Viviani : « C'est un homme sans conviction, mais qui les défend avec passion. »

Robert de Flers parlant d'une actrice en vogue : « Je n'arriverai jamais à dire d'elle tout le bien qu'elle en pense. »

Talleyrand se moquait en ces termes de Lamartine vieillissant : « Il croit qu'il devient sourd, parce qu'il n'entend plus parler de lui. »

Un mot de Churchill : « Une voiture vide s'est arrêtée devant le 10, Downing Street. Monsieur le Premier Ministre Clement Attlee en est sorti. »

Jugement anonyme : « C'est un homme tout d'une pièce, mais c'est une fausse pièce. »

Cicéron se moquait de la gaucherie de son gendre et, le voyant tout harnaché, demanda : « Qui a attaché mon gendre à cette épée ? »

Sigmund Freud cite la question perfide d'un homme invité chez deux industriels enrichis de façon discutable et qui, voyant dans l'entrée les portraits de ces deux chevaliers d'industrie demanda : « Où est le Christ ? » en allusion aux deux larrons crucifiés en même temps que Jésus.

En Grande-Bretagne, le ministre Lloyd George, réputé pour sa grossièreté, demande où se trouvent les toilettes : « Au bout du couloir, lui répond-on, vous verrez *Gentlemen,* vous entrerez quand même. »

Le président Kennedy recevait un homme d'affaires à la Maison-Blanche.

— Vous savez, lui dit-il, si je n'étais pas président, j'achèterais à la Bourse en ce moment.

— Je sais, répondit le financier. Si vous n'étiez pas président, je ferais de même. *(New York Herald Tribune)*

Lincoln parlant d'un de ses confrères : « Je n'ai rencontré personne qui sache aussi bien faire entrer le maximum de mots dans le minimum d'idées. » (Art Buchwald)

Sarah Bernhardt, âgée de 70 ans, parlant d'une actrice plus jeune : « Seigneur ! On dirait moi dans 10 ans[1]. »

Un homme politique parlant d'un collègue du même parti : « Quand on a de tels amis, on n'a pas besoin d'ennemis. » (Ch. P.)

Un autre, jugeant le Premier Ministre : « Même un succès de sa politique ne le ferait pas baisser dans les sondages. »

Dans un salon, un homme demande : « Madame, est-ce que la fumée du cigare vous incommode ? — Je ne sais pas, Monsieur. On n'a jamais fumé un cigare devant moi. »

Petite critique à propos d'une jeune femme récemment convertie :

« Il n'y a pas huit jours qu'elle connaît la Sainte Vierge, et déjà elle l'appelle Marie. »

Beaucoup plus perfide est le jugement d'Oscar Wilde sur un écrivain qu'il avait des raisons de ne pas aimer : « On ne connaît aucun ennemi à Bernard Shaw. Mais tous ses amis le détestent cordialement. »

Un bref commentaire du *Canard enchaîné* sur Marcel Proust : « Proust ma chère. »

Dure appréciation d'une dame sur une autre dans un salon : « Elle est tellement insignifiante qu'elle n'apporte rien à la conversation, même après son départ. »

Voltaire était connu et même redouté pour son art de pourfendre ses ennemis, même avec des poèmes comme celui-ci :

1. Cité par Arthur Conte, *Grandes Françaises,* Plon, 1995.

L'autre jour, au fond d'un vallon,
Un serpent mordit Jean Fréron.
Que pensez-vous qu'il arriva ?
Ce fut le serpent qui creva.

Jean-Jacques Rousseau avait écrit une *Ode à la postérité* — Voltaire fit ce commentaire : « Ce poème n'arrivera pas à son adresse. »

Voici maintenant une série de « vacheries » plus ou moins comiques sous forme de répliques.

On cite souvent en exemple ce dialogue entre un solliciteur et un homme peu charitable :

« Il faut bien que je vive — Je n'en vois pas la nécessité. »

Un peu moins cruelle mais cependant blessante est la réponse de Clemenceau à un certain Dubost, candidat à la présidence de la République en 1913, qui se plaignait auprès de lui : « Vous ne me soutenez pas. Vous dites à tout le monde que je suis un imbécile. Je ne suis pourtant pas plus bête qu'un autre — Quel autre ? »

À quelqu'un lui disant : « Je viens d'avoir une idée », Wladimir d'Ormesson fit ce commentaire : « Oh ! Comme elle doit s'ennuyer, toute seule. »

À un avocat qui lui disait éprouver un ennui mortel, Clemenceau répondit : « C'est sans doute parce que tu t'écoutes trop quand tu plaides. »

Parlant d'un autre écrivain, Dumas disait : « Il m'a donné son dernier ouvrage à lire. » Scholl intervint : « Il aurait mieux fait de vous le donner à écrire. »

À titre d'excuse pour un propos trop vif, un quidam disait : « Les mots ont dépassé ma pensée — Oh ! répondit Rivarol, ils n'ont pas dû aller bien loin. »

Joseph Caillaux et Aristide Briand se détestaient et se querellaient souvent au Parlement. En 1925, des amis communs tentèrent avec un succès fragile de les réconcilier. Briand crut faire preuve de bonne volonté en disant à son adversaire : « Je vous souhaite tout ce que vous me souhaitez. » Réaction de Caillaux : « Voilà que vous recommencez déjà. »

On range assez volontiers toutes ces critiques et méchancetés dans la rubrique de l'humour. Pourquoi ? Il faudrait d'abord s'entendre sur le sens de ce mot.

Le dictionnaire de Littré n'est pas très explicite et se borne à cette courte indication : « Mot anglais qui signifie gaieté d'imagination, veine comique. »

Si, pour plus de détails, on se réfère au mot « humoriste » dérivé de « humour », le même Littré propose deux définitions. La première, peu usuelle selon lui, est la suivante : « Qui a souvent de l'humeur, difficile à vivre. » Ici le terme humeur a remplacé l'humour. Mais la seconde définition dans le même dictionnaire, présentée comme étant plus courante, renvoie moins directement aux « vacheries ». La voici : enclin à une sorte de gaieté railleuse et originale. Écrivain humoriste, celui qui traite avec gaieté une matière sérieuse ; celui qui a de la fantaisie, une vivacité originale. »

Cette appellation aurait son origine à Rome, au cours des noces d'un certain Lorenzo Mancini. Les convives qui avaient récité des poèmes et des discours amusants furent appelés *belli humori*. Ils décidèrent de constituer une académie autour de Paul Mancini et ils la baptisèrent « académie des *humoristi* ».

De ces données, on peut retenir que l'humour n'est pas sans rapport avec la raillerie, ce qui le rapproche en effet de la plaisanterie critique ou même méchante. Mais il faut également faire entrer dans cette catégorie du comique l'originalité et surtout l'intrusion de la plaisanterie dans les matières sérieuses.

Freud estime que l'humour ramène à peu de chose un investissement affectif.

Georges Elgozy[1] n'est pas de cet avis. Il reproche en particulier au fondateur de la psychanalyse de considérer l'humour comme un mode de pensée destiné à épargner « la dépense nécessitée par la douleur ». Dans la réalité, objecte Elgozy, « l'humoriste peut souffrir autant, voire plus que le rustre, le dramatique ou le balourd ».

Il y a là quelque méprise. En effet, Freud n'a jamais prétendu que l'humour amoindrissait la douleur. Il diminue l'investissement affectif que d'ailleurs il suscite parfois lui-même. Si l'on voulait transposer la discussion sur un terrain différent, plus intellectuel, pour en mieux comprendre le sens général, on pourrait dire que le stoïcien ou l'homme stoïque ne souffre pas moins qu'un autre, mais il minimise sa douleur, il la maîtrise, il ne se laisse pas dominer par elle. Il y a d'ailleurs quelque parenté entre le stoïcien et l'humoriste tel que le définit Freud. Dans les deux cas, les situations les plus sérieuses et même les plus affligeantes sont traitées avec détachement : « Supporte et abstiens-toi » disaient les stoïciens, qui marquaient en même temps une nette distinction entre les maux qui dépendent de nous et ceux contre lesquels notre volonté est impuissante.

1. G. Elgozy, *De l'humour,* Denoël, 1979.

L'humoriste, selon Freud, a pour devise : « Supporte et fais semblant de ne pas connaître les maux, qu'ils viennent de toi ou d'ailleurs. »

Il semble exact que, conformément à la définition de Littré, en accord avec l'usage courant, l'humour se présente comme un moyen de voiler une situation qui pourrait être désagréable, pénible, douloureuse. Il a en somme pour principale vertu de dédramatiser la vie.

Cela dit, Elgozy a raison de réduire la frontière que Freud établissait entre le comique et l'humour. Il en est une des formes possibles, et il ne déroge pas, loin de là, au principe général selon lequel peut être comique ce qui, sur le mode ludique, fait jaillir une certaine apparence de liberté dans ce qui paraissait implacable comme un mécanisme. C'est bien encore la revanche de la vie sur le déterminisme.

Il est permis cependant d'observer quelques différences entre l'humour et les autres formes de plaisanteries. L'humour appartient bien à ce domaine, mais il empiète sur quelques autres à l'occasion, notamment ceux de la provocation, du paradoxe, de l'ostentation, du cynisme, de la muflerie, du défi et de la destinée. Dans tous les cas, il reste, répétons-le, un moyen de se jouer des règles, des contraintes de l'inévitable, ou de simuler à leur égard une sorte d'indifférence.

En définitive, l'humour, forme particulière du comique, peut bien se distinguer par quelques traits particuliers, mais il est difficile d'en faire une entité séparée. On trouverait aisément parmi les exemples cités précédemment dans les chapitres sur les jeux de mots, sur les reparties, sur les manquements à la logique, sur les erreurs, de nombreux cas de double appartenance. L'humour n'est pas incompatible avec ce qui ne lui appartient pas exclusivement mais il y apporte une certaine coloration, ou plutôt il y introduit une inspiration particulière. On pourrait caractériser celle-ci par le fait que l'humour dédramatise une situation, ce qui d'ailleurs va bien dans le sens de la théorie freudienne à ce sujet.

Ainsi que le rappelle Littré, le mot en question dérive de l'anglais. Souvent, l'humour s'apparente à ce que les britanniques nomment l'*understatement* dont ils sont friands. C'est à peu près ce que nous appelons litote[1]. Plus généralement, cela consiste à faire baisser d'un ou plusieurs crans la tonalité de ce qu'on aurait pu exprimer directement et même à faire semblant de méconnaître le caractère pathétique de ce dont on parle. C'est pourquoi l'humour peut aller jusqu'à faire rire de la mort, comme s'il lui lançait un défi. À l'extrême limite, on trouve l'humour noir qui exagère même l'horreur d'une situation comme par bravade[2].

Avec certaines histoires horribles, on recherche l'effet comique en allant du cynisme jusqu'au mépris des tabous les plus sérieux. Plus exactement, l'excès même de ce défi aux règles usuelles donne son sel à cette espèce d'humour noir qui a encore une clientèle peut-être limitée mais pas vraiment nulle. En voici quelques exemples :

La scène se situe dans une tribu d'anthropophages. Question du chef de famille à son fils : « Tu l'aimes bien ta maman ? Alors, reprends-en encore un morceau. »

1. Cf. *supra,* chapitre 4.
2. L. Dumont, in *Des causes du rire,* A. Durand, 1862, distingue « un humour sérieux et un humour plaisant ».

Un autre membre de la tribu arrive en France et interpelle un représentant de l'ordre public : « Monsieur l'agent, pourriez-vous m'indiquer où l'on trouve des hommes-sandwichs ? »

Enfin, dans la rubrique des faits divers, on aurait pu trouver cette information : « Un homme vient d'être arrêté pour port d'arme prohibée. Il avait un couteau à cran d'arrêt planté dans le dos. »

Un employé arrive au bureau avec une heure de retard, couvert de pansements, le bras en écharpe : « Alors, dit son patron sévèrement, c'est à cette heure que vous prenez votre service ? — Excusez-moi mais je suis tombé du troisième étage — Eh bien, cela ne prend pas une heure ! »

Mark Twain raconte que son frère, travaillant dans une entreprise de travaux publics, fut victime de l'explosion d'une mine qui le projeta loin du chantier. On lui retint une demi-journée de salaire pour le motif suivant · « S'est éloigné de son chantier. »

Un mari se confie à un ami : « J'ai trente-cinq ans de mariage. Au début, j'embrassais ma femme très fort au point de l'étouffer. Maintenant, j'aimerais bien y arriver[1]. »

Marie-Chantal est au volant. Elle gronde sa fille assise à côté d'elle : « Je te prie de ne pas rire sottement chaque fois que j'écrase un piéton. »

Plus admirable est l'humour noir qui est attribué à des personnages dans les situations les plus critiques, notamment à leur dernier instant de vie.

Freud à ce propos cite le cas d'un condamné à la potence qui s'écrie : « Voilà une semaine qui commence bien... »

1. F. Biron, *Eh bien, raconte !*, Menges, 1977.

Dans *Hernani* de Victor Hugo, le personnage qui va être décapité revendique le privilège des grands d'Espagne, c'est-à-dire le droit de rester coiffés devant leur souverain, et il le fait en ces termes : « Oui, nos têtes, ô roi, ont le droit de tomber couvertes devant toi. »

En 1535, Thomas More, allant à l'échafaud, demanda à l'un des assistants du bourreau : « Aidez-moi à monter. Je ne vous demanderai pas de m'aider à descendre. »

En 1794, et cette fois en France, Malesherbes eut une attitude semblable. Traversant la cour de sa prison pour se rendre à la guillotine, il buta sur une pierre et s'exclama : « Voilà un mauvais présage. Un Romain à ma place ferait demi-tour. »

L'acteur Mounet-Sully dit en agonisant : « Cette scène est trop longue. C'est difficile de mourir quand il n'y a pas de public. »

Le grammairien Vaugelas, avant de rendre le dernier soupir, n'oublia pas son amour du beau langage : « Je m'en vais ou je m'en vas, car l'un et l'autre se dit ou se disent. »

Sur le thème de la mort, qui peut ainsi susciter une sorte de comique sans pourtant prêter à rire, comme c'est souvent le cas de l'humour surtout quand il a la couleur du deuil, on a pu écrire un volume[1]. Sur ce registre, on peut relever quelques citations un peu moins macabres que les autres.

Labiche parle d'un homme dont l'épouse était tellement autoritaire qu'il avait rédigé son testament en commençant par ces mots : « Voici mes premières volontés. »

1. Ph. Héraclès, *Le Grand Livre de l'humour noir,* Le Cherche-Midi, 1992.

Alors qu'en parlant d'un de ses amis, on lui demandait « De quoi est-il mort ? », Alfred Capus répondit : « De toute façon on ne savait déjà pas de quoi il vivait. »

Un mot d'Alfred Jarry :

« Elle est claquée. Tu penses bien que si elle m'avait légué sa fortune, j'aurais dit : "elle est décédée." »

« Il y a des jours où je pense que je vais mourir d'une overdose de satisfaction. » (Salvador Dali)

Adrien Scholl parlait d'un homme à l'haleine fétide : « Je savais qu'il avait été exécuteur testamentaire, mais j'ignorais qu'il avait mangé le cadavre. »

« Le lit est l'endroit le plus dangereux du monde. Quatre-vingt-dix pour cent des gens y meurent. » (Mark Twain)

« Le chauffeur est la partie la plus dangereuse de la voiture. »

À propos d'une mégère qui vient de mourir : « C'est la première fois qu'elle fait plaisir à son mari. »

Voici une histoire attribuée à Oscar Wilde :

Un estropié demande l'aumône à un homme fortuné qui lui répond : « Je te donnerai une pièce d'or si tu sais reconnaître lequel de mes yeux est en verre — Le droit, dit le mendiant — Comment l'as-tu deviné ? — C'est le seul où j'ai vu un peu de pitié. »

Rude dialogue au chevet d'un homme très sérieusement malade : « Docteur, je ne sais que penser. Tous les autres médecins portent sur mon cas un diagnostic différent du vôtre — Ne vous inquiétez pas. On verra bien à l'autopsie que c'est moi qui ai raison. »

On sait qu'à l'Académie française, on procède à une élection après le décès d'un des membres afin de désigner un successeur pour le fauteuil qu'il laisse vacant. Ce qui faisait dire à l'un d'eux : « Quand nous mourons, nous nous changeons en fauteuil. »

Paul Claudel, peu après son entrée sous la Coupole participa à une élection : « Ces élections, dit-il, sont très amusantes. On devrait en faire plus souvent. »

Du chanoine Desgranges, cette citation que l'on n'oserait pas retenir et reproduire si elle n'émanait pas d'un ecclésiastique : « Jésus est encore le seul à avoir eu la croix et à n'avoir jamais demandé la rosette[1]. »

Éloignons-nous de l'humour franchement noir pour aborder l'humour qui, pour n'être pas nécessairement rose, peut appeler le rire sans complexes, tout en restant fidèle au grand principe du genre qui consiste à minimiser, à démarquer ou à dédramatiser une situation tendue.

Trois exemples anglais illustreront ce type d'humour, qui est peut-être l'humour par excellence et qui garde souvent une coloration britannique :

Un dessin publié dans le journal *Punch* représentait les restes d'une maison détruite par un incendie. Au premier plan, le propriétaire regardait d'un air triste les cendres encore fumantes. Son épouse poussait vers lui un petit garçon intimidé auquel elle donnait ce conseil : « Va dire à papa que tu regrettes. »

Un homme rentre des Indes et rapporte une belle peau de tigre à son épouse en lui disant : « C'était le tigre ou moi. Si je l'avais manqué, il m'aurait dévoré » — La jeune femme regarde la magnifique fourrure étendue sur le parquet et répond : « Je suis tellement contente que cela ait été le

1. Ph. Héraclès, *ibid.*, p. 147.

tigre, chéri, car autrement nous n'aurions pas ce ravissant tapis. »

Pour dissiper quelques équivoques, voici une définition due à Marcel Achard : « L'humour, c'est de savoir que tout, absolument tout est drôle, dès l'instant que c'est aux autres que cela arrive. »

À Londres, en 1940, un bombardement avait en partie détruit la façade d'un magasin. Le lendemain, une pancarte était suspendue au-dessus du vide laissé par la porte et une partie du mur : « Plus ouvert que d'habitude. »

L'humour peut avoir pour auteurs des personnes qui ne sont ni anglo-saxonnes, ni spécialistes des rubriques drôles. Voici par exemple l'avertissement galant mais très réglementaire d'un agent de la circulation qui arrête une charmante conductrice sur une autoroute : « Madame, vous n'êtes peut être pas parvenue à atteindre les 200 kilomètres à l'heure, mais je vais cependant vous délivrer une attestation certifiant que vous avez essayé et presque réussi. »

D'autres formes d'humour se situent à la limite de la gaieté et de la noirceur :

Après le massacre des habitants d'un village par un raid des Indiens, il reste un survivant avec une flèche plantée dans la poitrine. « Vous vivez encore ! Cette flèche ne vous gêne-t-elle pas trop ? demande un des sauveteurs — Si, mais seulement quand je ris. »

Revenons en Grande-Bretagne où Kipling adressait la lettre que voici à un journal qui, par erreur, avait annoncé sa mort : « Comme vous êtes généralement bien informé, cette nouvelle doit être exacte. C'est pourquoi je vous prie d'annuler mon abonnement qui ne me serait désormais d'aucune utilité. »

L'humour peut aussi coexister avec une dose de cynisme :

Gontaut-Biron, que nous avons déjà vu réagir vertement quand il se jugeait mal placé à table[1], refusa une invitation à dîner en envoyant un télégramme ainsi rédigé : « Impossible venir. Mensonge suit par lettre. »

Aveu d'un chirurgien : « L'appendice n'est pas un organe inutile. C'est grâce à lui que ma femme a pu s'acheter un vison. »

Dans un livre célèbre de Raymond Queneau relevons la réponse de Zazie à qui l'on demande pourquoi elle veut être institutrice : « Pour faire chier les mômes » *(sic)*.

En conclusion, n'oublions pas ce mot de Tristan Bernard à propos de l'humour allié à la raillerie : « Il n'est pas difficile de faire de l'esprit quand on est méchant. » Mais il est vrai aussi que l'humour varie selon les sociétés et les cultures[2].

1. Cf. *supra*, p. 45.
2. Lors d'un colloque sur l'humour en 1984 à Tel-Aviv, Efraïm Kishon insista sur les rapports entre l'humour et la géographie.

9

LA BIENSÉANCE, LES TABOUS

S'il y a des contraintes, des régulations sociales que le comique peut exploiter en les transgressant par jeu, ce sont bien celles qu'imposent le savoir-vivre, la pudeur, la pruderie ou simplement la morale courante.

À défaut de s'en affranchir dans un comportement réel, ce qui exposerait à quelques désagréments, on peut se moquer en paroles, faire comme si on ne respectait pas les interdictions. Ce type de transgression sans risque est bien conforme au principe général et fondamental du comique, tel qu'il fut énoncé dans le premier chapitre de ce livre.

Comme on pouvait s'y attendre, ce genre de plaisanterie a particulièrement intéressé le fondateur de la psychanalyse, car il met en jeu, de toute évidence, les mécanismes de l'inconscient que sont l'inhibition par le surmoi, le refoulement et la sublimation, concepts clefs de la théorie freudienne. Il en sera question plus loin[1].

1. Cf. *infra,* chapitre 17.

Parmi les usages auxquels un individu sociable doit se soumettre, les plus évidents sont peut-être ceux qui appartiennent au vaste domaine de la bienséance.

Déjà, certains exemples cités à propos de l'humour teinté de cynisme pouvaient en faire partie. De même les « vacheries » piétinent souvent les règles de la courtoisie.

Mais on a certainement affaire à un autre degré dans la transgression lorsque sont violés les préceptes de la morale, voire même de la religion et de la décence. Cela peut aller de la simple allusion aux ébats sexuels jusqu'à la pornographie et la scatologie.

Il y a même des mots que les gens bien élevés s'interdisent de prononcer et qui peuvent déclencher le rire ou le sourire lorsqu'on les dédouane pour ainsi dire en les habillant d'une plaisanterie.

Un excellent exemple de ce procédé est fourni par la comédie de Sacha Guitry intitulée *Le Mot de Cambronne*. Durant toute la pièce, l'épouse du général commandant à Waterloo la Vieille Garde napoléonienne demande à son mari quel était le fameux mot qu'il avait prononcé à l'adresse des troupes ennemies et qui l'avait rendu célèbre. Les spectateurs attendront comme elle, jusqu'à la fin. Aucun des deux personnages en scène ne prononcera le juron de cinq lettres, mais, avant la chute du rideau, une soubrette le laisse échapper de façon inopinée. Le public rit parce que précisément le mot de Cambronne arrive lorsqu'on finissait par croire qu'il ne serait pas prononcé dans le divertissement auquel il donne son nom. Toute l'astuce consiste donc pour l'auteur à transformer l'incongruité en une sorte de jeu de cache-cache.

Alfred Jarry, dans son célèbre *Ubu roi,* a trouvé le moyen de faire passer le mot malséant dans le domaine ludique en le déformant de manière qu'il soit tout à la fois méconnaissable et reconnaissable. Le « merdre » du roi Ubu donne une résonance accrue au juron et le dissocie de son origine malodorante.

Le mot « cocu » a, lui aussi, servi à produire des effets comiques, dans la mesure où il est frappé d'interdiction dans les cercles collet monté, mais facile à apprivoiser comme élément de jeu.

Depuis Brantôme, depuis Molière, le cocu, qu'il soit imaginaire, magnifique ou stupide, a sa place dans la littérature comme personnage risible. On connaît la repartie du recteur Henri Gréard qui, lors d'une cérémonie très officielle, défilait au Quartier latin avec ses collègues vêtus de la toge aux ornements jaunes, couleur des universitaires littéraires, mais aussi (on ne sait pourquoi) associée à l'infortune des maris trompés. Un badaud s'écria, stimulé par cette couleur : « Tiens, voilà les cocus ! » Et le recteur mit les rieurs de son côté en répondant à haute voix : « Ce n'est qu'une délégation[1]. »

Le même mot dans une pièce de théâtre sert de prétexte à un semi-calembour. Un homme notoirement trompé par sa femme espère avoir la Légion d'honneur. Le spectateur sait qu'il est cocu et ne serait pas surpris qu'il vienne à s'en aviser. Lorsque ce personnage apprend qu'il vient d'obtenir le ruban rouge, il s'écrie tout heureux : « Ça y est, je le suis — Quoi donc ? », demandent ses interlocuteurs

1. Petit dialogue où le mot se devine seulement. « Hier, j'étais à la pêche aux moules. J'étais moulu. Et aujourd'hui ? — Je vais à la pêche aux coques. »

inquiets. Et il répond superbe : « Je le suis, décoré. » Le mot incongru n'est donc pas prononcé, mais on joue avec lui, et c'est un autre mot, le verbe être, qui permet le double sens.

Mais l'usage ainsi fait de ces mots bannis du très beau langage nous place seulement au seuil de ce que Freud appelle l'esprit tendancieux. Il le distingue du mot d'esprit inoffensif et s'efforce de montrer comment il en dérive, comment il s'en détache.

Au départ, selon lui, toute plaisanterie est un jeu qui cherche le plaisir dans le simple emploi des mots et des pensées[1].

Puis, lorsque les progrès de la raison finissent par émousser ce plaisir, en faisant considérer le jeu de mots inoffensif comme un exercice insipide, l'esprit devient franchement tendancieux, car, en règle générale, il procure alors davantage de plaisir et déchaîne une plus grande hilarité.

Si l'on met de côté l'esprit critique et blasphématoire, les deux plus grandes formes d'esprit tendancieux sont, selon Freud, l'esprit grivois et l'esprit hostile ou agressif.

La grivoiserie *(Zote)* est ici définie comme « l'évocation intentionnelle, par l'intermédiaire de la parole, de situations et d'actes sexuels[2] ». Mais il faut tout de suite ajouter quelques limitations à cette désignation trop vaste. En effet, il n'y a pas nécessairement grivoiserie dans une conférence sur l'anatomie des organes sexuels. En principe, les cours professés dans les écoles sur ce sujet ne doivent pas présenter un caractère d'obscénité. On l'espère bien !

1. Cf. *infra*, chap. 17.
2. Sigmund Freud, *Le Mot d'esprit et ses rapports avec l'inconscient*, Gallimard, 1930, p. 143.

Il faut donc, pour qu'il s'agisse de grivoiserie, que la plaisanterie, selon Freud, s'adresse à une personne déterminée chez laquelle les « propos salés » soit censés provoquer une excitation sexuelle ou bien une gêne qui est, à la fois, une réaction contre l'excitation et l'aveu de celle-ci. Par conséquent, conclut le psychanalyste, « la grivoiserie vise à l'origine la femme et équivaut à une tentative de séduction ». Si les propos lestes sont tenus dans une réunion masculine, on se place par l'imagination dans une situation où il y aurait des femmes, et « celui qui rit d'une grivoiserie réagit comme s'il était témoin d'une agression sexuelle ». Le sexuel, toujours selon le même auteur, s'étend tout naturellement à l'excrémentiel, par régression au temps de l'enfance, au stade anal.

Freud insiste toujours sur le fait que « la grivoiserie déshabille la personne de l'autre sexe à qui elle s'adresse ». « Incontestablement, le plaisir de voir à nu les parties sexuelles est le thème primordial de la grivoiserie[1]. » En fait, la vue remplace ici le toucher. Mais lorsque la pudeur, la bonne éducation, les tabous sociaux empêchent l'exhibition agressive, alors les propos salés se heurtent à une résistance féminine, et, pour surmonter cet obstacle, ils appellent à l'aide une composante sadique.

Ainsi, l'obstacle de la pudeur féminine amène une sorte de changement de nuance, qui est encore accru par la présence d'un tiers.

Pour mieux faire comprendre sa conception de l'humour gaulois, Freud imagine ou plutôt décrit ce qui pouvait se passer autrefois dans les auberges de campagne. Alors,

1. *Ibid.*, p. 144.

c'était l'entrée de la servante ou de la patronne qui déclenchait la grivoiserie. Mais depuis cette époque qui est à l'origine de la plaisanterie gaillarde, c'est l'inverse qui se produit, surtout dans des couches sociales plus cultivées, mieux éduquées. De nos jours, dans nos sociétés policées « la grivoiserie s'arrête dès qu'une femme paraît. Les hommes ne reprennent ce genre d'amusement (qui, à l'origine, impliquait la présence d'une femme à la pudeur effarouchée) que lorsqu'ils sont entre eux[1] ». Dans ce cas, la grivoiserie s'adresse non plus à la femme, plutôt absente, mais à l'auditeur, de sorte qu'elle présente désormais à peu près les mêmes caractères que le mot d'esprit.

Le scénario typique de la dramaturgie freudienne, dans cet état moderne de la grivoiserie, suppose trois personnages : celui qui parle, la femme présente ou plutôt absente et l'auditeur. Les paroles du premier livrent la femme dénudée aux regards du tiers qui satisfait à peu de frais ses tendances libidineuses et qui est tout disposé à rire. C'est ainsi que d'après le même auteur « le bas peuple » se complaît dans ces plaisanteries salées. Mais si l'on s'élève dans la hiérarchie sociale, dans les milieux cultivés, ce processus d'évocation vulgaire de la sexualité ne suffit plus et ne fait plus rire. Il faut que s'y ajoute une qualité supplémentaire qui voile le côté choquant de la gauloiserie pure et simple. En d'autres termes, chez les gens raffinés, la grivoiserie ne fait sourire que si elle devient spirituelle. Son procédé le plus courant consiste dans l'allusion. Alors « plus l'écart est grand entre ce que la grivoiserie exprime directement et ce qu'elle suggère impérieusement à

1. *Ibid.*, p. 147.

l'auditeur, plus le mot est fin et plus il a droit de cité dans la bonne société[1] ».

Il était nécessaire de rappeler cette théorie freudienne, car elle a inspiré d'autres réflexions sur le même sujet, et aussi parce qu'elle est pratiquement la seule qui s'applique spécialement à la plaisanterie que nous appelons gauloise. Celle-ci a des origines très lointaines, bien antérieures à l'entrée en lice de ceux qui, sur notre sol, ont vu arriver les légions de César. Étaient-ils plus que d'autres amateurs de telles joyeusetés un peu crues ? En tout cas, on trouverait aisément dans l'Antiquité classique, grecque ou latine, de beaux exemples de grivoiserie, notamment dans les comédies d'Aristophane.

Plus près de nous, c'est évidemment Rabelais qui a exploité cette veine pour distraire ses lecteurs, tant et si bien que ce type de comique a été par la suite qualifié de « rabelaisien ». N'oublions pas qu'il a plaisanté sur l'acte sexuel et qu'il a même fait de fracassantes incursions dans la scatologie, avec un chapitre consacré à l'invention d'un touche-cul *(sic)*.

Quand on cherche à mettre en évidence les principes du comique, on ne saurait éviter de s'interroger sur le fait à vrai dire étrange que souvent, pour faire rire, on parle vertement de tout ce que recouvre ordinairement la pudeur et que l'on va même jusqu'à des évocations malodorantes.

À vrai dire, on ne se trouve pas vraiment embarrassé si l'on se réfère aux règles énoncées dès le début de ce livre, et selon lesquelles le comique se fonde sur un jeu de massacre contre tout ce qui nous est imposé, contre les lois du

1. *Ibid.*, p. 149.

vocabulaire, de la nature, de la morale, contre le déterminisme, contre tout ce qui est programmé, inéluctable, à la condition, bien entendu, qu'il s'agisse de faire semblant, de ne rien menacer réellement.

La grivoiserie ne serait donc qu'un des avatars de tout ce qui, du calembour au mot d'esprit peut contribuer à nous faire croire que nous sommes plus libres qu'en réalité, grâce au pouvoir des mots.

Mais entre la grivoiserie et les autres formes de comique, existe une différence de taille. En effet, dans le cas qui nous occupe ici avec Freud, ce n'est pas un défi à des règles et à des automatismes divers qui nous amuse. La règle, le tabou que l'on enfreint ou que l'on contourne c'est très précisément, à propos de sexualité, l'interdiction d'en parler. La gauloiserie est l'art d'évoquer ce que la société tient à voiler, l'art de dire ce qu'on ne dit pas. La grivoiserie spirituelle est une façon de faire passer en contrebande une marchandise que la douane d'une bonne éducation confisquerait immédiatement si elle pouvait l'identifier.

C'est sans doute cette particularité qui incite Sigmund Freud à s'attarder sur ce sujet, et à chercher une explication dans une succession d'étapes, ou, si l'on préfère, une histoire sociale de l'obscénité.

Ce qui, en outre, justifie que l'on soit attentif à ce propos, c'est qu'effectivement les plaisanteries salées ont un vaste public et sont elles-mêmes nombreuses et variées.

Il est même remarquable qu'elles fleurissent dans toutes ou presque toutes les civilisations. Par exemple, chez les Indiens Zuñis du Nouveau-Mexique, on vénère des divinités nommées Katchinas parmi lesquelles se trouve un groupe de clowns, les Koyemshis, qui, avant l'arrivée des

Blancs en cette région, réjouissaient le peuple, au cours des grandes fêtes religieuses, par des pitreries, des plaisanteries grossières allant jusqu'à retrousser leur jupe pour exhiber leurs attributs masculins. Or, depuis que les Blancs assistent à ces cérémonies, depuis aussi que les habitants de la tribu se sont imprégnés de la culture occidentale, les Koyemshis continuent d'officier comme des clowns sacrés, mais ne se permettent plus de telles incongruités.

On est donc tenté de suivre Freud dans son analyse d'une désescalade dans le comique sexuel. On ne plaisante pas de la même façon avec les parties génitales selon qu'on appartient à telle ou telle catégorie sociale plus ou moins policée. Mais faut-il voir dans les origines grossières des histoires scabreuses une agressivité à l'égard des femmes présentes ? Cela pouvait bien être dans les auberges de villages au Moyen Âge. On ne saurait en déduire, comme le soutient Freud, que la grivoiserie est née d'une sorte de substitut à l'exhibitionnisme avec pour principe la volonté de déshabiller la femme, de l'exciter. Il s'agit probablement et plus simplement de se conformer à la loi du comique en jouant une libération à l'égard d'un tabou. Cela signifie que, dès le départ, on a affaire à un jeu, de sorte qu'il n'y a plaisanterie, appel à l'hilarité que dans la mesure où la violation des interdits sociaux est mimée, déguisée.

En ce sens, on peut utiliser tous les moyens pour faire semblant. L'un des plus simples consiste à tenir un discours qui suggère seulement l'obscénité mais ne l'exprime nullement. Par exemple, les contrepèteries constituent un exemple presque parfait de ce procédé[1]. Celui qui les

1. Cf. *supra,* pp. 26-28.

énonce ne prononce aucun mot douteux. Il compte sur l'auditeur pour faire les permutations de lettres nécessaires. On peut aussi voiler l'allusion scabreuse en s'amusant à faire disparaître le terme indécent en un jeu de prestidigitation, comme on l'a vu en ce qui concerne certains vocables incongrus, tels que « cocu » ou le mot de Cambronne.

De la même façon, le calembour, le double sens est un excellent moyen de dissimuler l'offense aux bonnes mœurs. On en a rappelé quelques réussites dans les chapitres consacrés aux jeux de mots.

On cite souvent une réplique empruntée à la petite histoire qui suggère en jouant sur un mot une situation bien précise. Le principal personnage en est le maréchal de Richelieu qui, en 1760, alors qu'il était âgé de quatre-vingt-quatre ans, épousa une très jeune comtesse. La belle-fille du marié, la duchesse de Fronsac, eut l'impertinence d'interroger en ces termes, au lendemain des noces, la nouvelle maréchale : « Comment votre mari s'est-il sorti de cette difficile affaire ? » La réponse fut simple et réaliste : « Le plus difficile ne fut pas d'en sortir. »

La grivoiserie peut être plus complexe et n'être drôle que pour ceux qui comprennent, par exemple celle-ci : « Les hommes qui prétendent que les femmes sont frigides sont de mauvaises langues. » (André Prévot)

Voici quelques histoires que l'on peut qualifier de grivoises mais qui ne choqueront personne, à défaut de mille autres plus connues encore mais qui n'auraient pas leur place dans ce livre. Elles donnent une idée de tous les artifices permettant de rester convenable tout en évoquant ce que la bienséance couvre d'un voile pudique :

Petit dialogue campagnard : « Où vas-tu ma fille ? — Monsieur le curé, je vais mener la vache au taureau — Ton père ne pourrait donc pas faire ça ? Non, monsieur le curé. Il faut que ce soye le taureau. »

« Quelle différence y a-t-il entre Paris et une jeune fille ? — Paris sera toujours Paris. » (Francis Claude)

Sacha Guitry raconta qu'il se trouvait un jour, dans le métro, assis en face d'une jeune fille qui avait remonté très haut ses jupes et croisait les jambes de façon provocante. Très gêné, il finit par lui demander : « Mademoiselle, j'espère que cela ne vous ennuie pas que je garde mon pantalon ? »

Voici comment une honnête femme fait semblant de ne pas comprendre les avances d'un galant : « Le jour où votre mari ne vous plaira plus, faites-moi signe. — D'accord, Monsieur, s'il vous plaît tellement. »

« En matière d'amour physique, les textiles gênent plus que les principes. » (Philippe Bouvard)

« Elle était belle comme la femme d'un autre. » (Paul Morand)

« C'est quand on serre une dame de trop près qu'elle trouve qu'on va trop loin. » (Alphonse Allais)

Question posée à un homme qui a une douzaine d'enfants : « Sont-ils tous du même lit ? — Non, dix seulement. Les deux autres sont du canapé. »

Dialogue entre deux messieurs qui se connaissent depuis peu : « Je n'ai jamais eu de relations sexuelles avec ma femme avant notre mariage. Et vous ? — Je ne sais pas. Voulez-vous me rappeler son nom de jeune fille ? »

« Pourquoi n'aimerait-on pas sa femme ? On aime bien celles des autres. » (Alexandre Dumas fils)

Jean Roucas a écrit plusieurs histoires gaillardes. En voici trois exemples parmi les plus convenables[1] :

Ginette va voir le docteur et lui dit : « Je crois que je suis enceinte — Ah ! Et de combien ? — Attendez que je me souvienne. Ils étaient bien trois ou quatre. »

On interroge une personne pour un sondage : « Juste une question. Êtes-vous pour l'amour avant le mariage ? — Non, cela retarde la cérémonie. »

Une prostituée se fait vacciner. Le docteur lui demande : « Où voulez-vous le vaccin ? Au bras ou bien au bas des reins ? — Au bras, ça se verra moins. »

Voici une bouffonnerie classique qui se présente comme innocente :

Une dame appelle en vain son électricien pour qu'il envoie un ouvrier dans son appartement plongé dans l'obscurité. À la fin, elle s'énerve, et, téléphonant pour la vingtième fois, s'écrie : « Allez-vous vous décider à m'envoyer un homme ? Voilà deux jours que j'en suis réduite à me servir d'une bougie. »

C'est l'auditeur de l'histoire qui a, comme l'on dit, l'esprit mal tourné en découvrant le double sens qu'on lui suggère. La règle de la décence est à la fois violée et respectée.

Il en est de même lorsqu'un mot est appelé par une rime et remplacé par un autre plus anodin. C'est le cas dans une chanson traditionnelle des normaliens[2]. Voici quelques extraits du *Bal de l'École* :

Huit jours avant, à la Sorbonne
Aux amplis des profs qui dé – vident

1. Jean Roucas, *Les Roucasseries,* Michel Lafon, 1992.
2. Cf. Alain Peyrefitte, *Rue d'Ulm,* Fayard, 1994, pp. 274-276.

Des laïus vides
Les étudiants disent dès le matin
À leurs amies les petites – jeunes filles
De bonne famille
Venez donc samedi soir au bal
Faire admirer votre trou – sseau
Le plus nouveau
J'vous frai voir la turne que j'habite
Et j'vous frai voir aussi ma – piaule
À tour de rôle
Ça s'ra très drôle
....
S'tournant vers nous
Les grosses dames d'un air folichon
En dansant secouaient leurs – colliers.
(Dans un autre couplet, une jeune fille rencontre un normalien)
Elle entraîna dans l'tourbillon
L'pauv' type qui suivait l'air – contraint
Comme l'orchestre se mettait en branle,
Elle lui dit l'vendredi j'me rends
Au cours de Durand
Elle ajouta d'un air aisé
Si vous désirez me – revoir
Emmenez-moi, vous serez convaincu
Que je possède un joli – don
D'conversation.

On pourrait évidemment citer aussi des chansons de carabins laissant deviner sans les exprimer crûment les mots que la bienséance réprouve.

La jeunesse étudiante a déployé de grands talents dans l'art de dissimuler les évocations scabreuses, par exemple sous des allusions mythologiques[1].

Les tabous sur le sexe sont naturellement plus ou moins proches des règles morales, et même des préceptes religieux. C'est pourquoi quelques plaisanteries maraudent sur ces terrains. Certaines peuvent être violentes, méchantes, mais s'éloignent alors du comique proprement dit. Il en est qui sont gentilles et même peu malveillantes, tout en se situant dans une frange irrespectueuse plus que sacrilège.

Cette remarque peut s'appliquer à un dialogue souvent cité entre Voltaire et un autre philosophe : « Monsieur, la religion est en train de s'en aller — Hélas, Monsieur, de quoi rirons nous ? — Il nous reste le gouvernement — Non, Monsieur, hors de l'Église, point de salut[2]. »

On en peut dire autant de cette formule signée par Breffort : « Dieu est un vieux monsieur qui adore se faire prier. »

Les critiques contre le gouvernement se rattachent souvent aux mêmes principes. On en pourrait présenter un florilège avec des exemples provenant de tous les temps et de tous les pays. Les partis et les hommes politiques susciteront toujours la verve des chansonniers, ou, lorsque la censure est trop forte, celle des libelles et potins clandestins.

Quant aux institutions elles-mêmes, on y trouve parfois de bons prétextes à moqueries. Le mariage est l'une des plus critiquées. On peut le prendre en exemple du rire comme produit d'un jeu avec les grands principes.

1. Cf. Jean d'Ormesson, *Presque rien sur presque tout,* Gallimard, 1995, pp. 351-353.
2. Cité par L. Fabre, *Le Rire et les rieurs,* Gallimard, 1929.

10

LE MARIAGE

On pourrait presque remplir un volume avec toutes les déclarations dénigrant cette institution universellement répandue qui unit un homme et une femme « pour le meilleur et pour le pire ».

Certaines de ces attaques sont sans nuances. Si l'on peut les considérer comme comiques, c'est uniquement parce qu'elles s'insurgent contre un déterminisme social, mais il y manque cependant le caractère ludique indispensable à ce qui fait rire. On peut donc s'interroger sur l'opportunité de faire figurer dans ce livre les jugements que voici. Les opinions peuvent diverger à ce sujet.

« Le premier homme qui s'est marié ne savait pas. Le second est inexcusable. » (Sacha Guitry)

« Les hommes naissent libres et égaux en droits. Seulement, par la suite, il y en a qui se marient. » (Marcel Jouhandeau)

« Si les hommes ne commettaient jamais d'erreur, les femmes seraient toutes célibataires. » (Alphonse Karr)

« Le mari et la femme ne font qu'un. Mais moi, quand je suis seul, je m'ennuie. » (Prince de Condé)

« Il y a des hommes qui n'ont que ce qu'ils méritent. Les autres sont célibataires. » (Sacha Guitry)

« Les curés sont consolés de ne pas être mariés quand ils entendent les femmes se confesser. » (André Roussin)

Au passage, on notera que Sacha Guitry se distingue dans ce palmarès antimariage, lui qui épousa quatre femmes. C'est sans doute la preuve qu'en définitive ce jeu de massacre est bien tout de même un jeu.

Mais ajoutons encore, parmi beaucoup d'autres possibles, quelques citations aussi peu amènes :

« Une vieille fille est une femme qui n'a pas réussi à se marier. Par contre, un vieux garçon est un homme qui a réussi à ne pas se marier. »

« Je n'ai pas confiance dans le mariage. D'abord il faut des témoins. C'est comme dans les accidents. » (Coluche)

« Je veux bien être embêté par une femme. Mais pas tout le temps par la même. » (Alfred Capus)

« Dieu créa l'homme et, ne le trouvant pas assez seul, il lui donna une compagne, pour mieux lui faire sentir sa solitude. » (Paul Valéry)

Au confessionnal : « Mon père, vous ne m'avez pas donné de pénitence — Ne m'avez-vous pas dit, jeune homme, que vous alliez vous marier ? »

« Que faisiez-vous avant votre mariage, demanda-t-on à Marcel Jouhandeau ? — Je faisais ce que je voulais. »

Les scènes de ménage peuvent connaître des fins neureuses, par exemple celle qui se termine par cette suggestion de l'épouse à son mari : « Bon ! Nous allons couper la poire en deux. Reconnais que tu as tort, et je te pardonnerai ! » (Malcolm Bradbury)

Il est remarquable qu'en règle générale ce sont les hommes qui se présentent comme les victimes du mariage. On trouverait beaucoup plus rarement des jérémiades féminines contre une institution qui, pourtant, ne les rend pas toutes heureuses.

Autour de ce thème, et avec les mêmes nuances, on raconte plusieurs histoires plus ou moins drôles. Voici quelques exemples :

« Crois-tu aux rêves ? J'y croyais jusqu'au jour où j'en ai épousé un. »

« As-tu appris le malheur qui est arrivé à notre ami Durand ? — Il est parti avec ma femme. »

« Tu sais qu'elle se marie ? — Non, je ne savais même pas qu'elle était enceinte. » (Curnonsky)

Lorsque la jolie mademoiselle d'Houdaucourt épousa monsieur de Ventadour, réputé pour sa laideur, Benserade fit ce commentaire : « Tant mieux : elle en aimera bien un autre[1]. »

L'actrice de cinéma Zsa-Zsa Gabor disait : « Il est presque impossible de rendre heureux son propre mari. C'est infiniment plus facile avec le mari d'une autre. »

La critique du mariage se prolonge souvent dans une mise en évidence, parfois même un éloge, de l'adultère. Il y a là une mine souvent exploitée comme le montrent ces quelques exemples :

« Il y a des femmes dont l'infidélité est le seul lien qui les rattache à leur mari. » (Sacha Guitry)

« La chaîne du mariage est si lourde qu'il faut se mettre à deux pour la porter, et parfois à trois. » (Alexandre Dumas fils)

1. Cité par Louis Philbert, *De l'esprit, du comique, du rire,* J. Claye, 1876.

« Le bonheur à deux, cela dure le temps de compter jusqu'à trois. » (Sacha Guitry)

« Ce qui empêche certains hommes d'épouser leur maîtresse, c'est qu'ils ne veulent pas avoir la peine d'en chercher une autre. » (Robert de Flers)

Alexandre Dumas pressait son fils de prendre femme : « La femme de qui ? », demanda celui-ci.

Léo Campion proposait du mot « adulte » cette définition : « Qui est en âge de pratiquer l'adultère. »

On raconte que le prince de Ligne revenant de guerre demanda à sa femme si elle lui avait été fidèle : « Souvent », répondit-elle.

Voici un quatrain de l'écrivain Fernand Gregh :

Premier rendez-vous dans notre petit nid
Mais hélas, quel affreux changement au programme
Elle m'a tant parlé de son mari
Que je n'ai pu placer un mot sur ma femme.

Petit dialogue : « J'ai eu la chance d'épouser l'homme que je voulais — Moi j'ai eu encore plus de chance. J'ai épousé l'homme qu'une autre voulait. »

« Très vite, rien ne ressemble à une femme légitime, comme une femme qui ne l'est pas. » (André Roussin)

On demandait à Maître Floriot pourquoi il n'était pas marié. Il répondait cyniquement : « À quoi bon ? Tous mes amis le sont. »

Revenons au mariage lui-même pour évoquer quelques mots sans méchanceté, ou tout au moins équivoques :

« Un célibataire est un homme qui n'a personne pour le consoler des ennuis qu'il aurait s'il était marié. » (Jean Rigaux)

« Le mariage est un dîner qui commence par le dessert. » (Jules Sandeau)

À une jeune fille qui prétendait chercher un mari, Yves Mirande donna ce judicieux conseil : « Tu ferais mieux de chercher un célibataire. »

« C'est fou ce que vous pouvez ressembler à mon troisième mari — Combien en avez-vous eu ? — Deux. »

« Pour qu'un mariage soit réussi, il faut que les deux époux soient complémentaires. Mon mari gagne de l'argent, moi je le dépense. »

Enfin voici un dialogue dans un couple d'union libre : « Ne crois-tu pas qu'il serait temps de nous marier ? — Oui, mais qui voudra de nous ? »

À propos du mariage et de l'adultère, on ne saurait oublier de parler du divorce :

« Je n'ai pas d'opinion sur le divorce. L'adultère me suffit. » (Cernuschi)

« Je voudrais divorcer, dit un client à son avocat — Vous avez un motif ? — Oui, je suis marié. »

« J'ai connu une femme qui voulait divorcer pour ne pas rester la femme d'un mari trompé. » (Courteline)

Maurice Donnay parlait d'une femme qui se mariait pour la cinquième fois : « Elle prend la mairie pour une maison de passe. »

« Un conseil, Mesdames, ne divorcez pas. Prenez votre mâle en patience. »

Mais cela est un calembour, et non des meilleurs.

Enfin, on ne saurait terminer ce chapitre sans faire venir à la barre les avocats du mariage. Mais ils sont rares, ou peut être aphones.

Voici d'abord une explication des échecs. On la doit à

l'écrivain britannique Somerset Maugham : « Pourquoi tant de divorces en Amérique ? Les Américaines attendent de leurs maris une perfection que les Anglaises n'exigent que de leur maître d'hôtel. »

Une jolie personne, raconte Art Buchwald, rencontre à Hollywood un acteur aux nombreux divorces et lui dit : « Vous souvenez-vous de moi ? Il y a dix ans, vous m'avez demandée en mariage — C'est possible, mais je ne me rappelle plus si ce mariage a eu lieu ou non. »

« Un bon mari ne se soucie pas de l'âge de sa femme. Mais de son anniversaire, toujours. » (Audiberti)

« Le mariage est trop décrié pour n'avoir pas beaucoup de bon. » (Jean Rostand)

« Il n'est pas de bons mariages, mais il en est de délicieux. » (Jacques de Bourbon-Busset)

Enfin, Woody Allen a peut-être trouvé les raisons de toutes les attaques contre le mariage : « Les gens qui cherchent le bonheur sont semblables à ceux qui cherchent leurs lunettes alors qu'ils les ont sur le nez. »

À propos du mariage, on pourrait évoquer les nombreuses histoires, bons mots et railleries concernant les belles-mères. Elles font partie d'un vieux stock folklorique.

Les anthropologues nous disent que, dans toutes les sociétés, les rapports entre les familles unies par un mariage entraînent des comportements ironiques ou méchants à l'égard de telle ou telle personne, qui n'est d'ailleurs pas toujours la belle-mère. Dans certaines sociétés primitives existe ce qu'on nomme la parenté à plaisanterie.

Voici ce qu'écrit l'ethnologue Mme Dieterlen à ce propos, à partir de ses observations en Afrique.

« Dans la famille étendue africaine, il existe une forme de relations nécessitant un échange de plaisanteries de la part de certains de ses membres : grand-père et petit-fils, beau-frère et belle-sœur, oncle et neveu notamment[1]. »

C'est ainsi que le mariage, tant décrié par les humoristes, prend place dans les sociétés comme institution régulatrice des échanges comiques.

1. in *Le rire, phénomène humain*, Flammarion, 1959, p. 20.

11

LES FEMMES

Le mariage est dans toutes les civilisations, et sous diverses formes, une des institutions les plus importantes dans la constitution des sociétés. Ce ne sont pas les structuralistes qui diront le contraire. Il est donc naturel que la malice des gens d'esprit se mobilise pour ironiser sur ce qui apparaît à la fois comme une contrainte, un déterminisme et un rouage essentiel dans la mécanique collective. Le mariage concerne et régularise les rapports entre les êtres humains des deux sexes.

C'est pour une raison voisine que la gent féminine est devenue un sujet de bons mots de la part des hommes. C'est là, dans le domaine du comique, un thème tellement important et surtout tellement exploité qu'il mérite, à l'égal du mariage, de faire l'objet d'une mention spéciale.

Il est à remarquer que l'on trouverait beaucoup moins de traits d'esprit émanant des femmes et concernant les hommes. Pourquoi ? Écartons tout de suite, ne serait-ce que par galanterie, la réponse qui consisterait à prétendre que les messieurs se prêtent moins que les dames à la critique et à la moquerie.

Il serait sans doute plus simple de chercher l'explication dans ce qu'on nomme aujourd'hui le machisme. C'est la domination des mâles qui interdirait à leurs compagnes le persiflage à leur encontre. On pourrait répondre que depuis longtemps dans nos sociétés occidentales, le féminisme a fait de grands progrès et que les femmes ne tremblent plus devant la prétendue supériorité de leurs compagnons.

Puisqu'il a été fait allusion à la galanterie qui n'est tout de même pas totalement ignorée bien qu'on dise qu'elle se perd, est-ce que l'abondance des mots d'esprit défavorables au sexe naguère faible n'en serait pas une sorte de contrepartie ?

Le bon usage impose à un homme bien élevé de céder la place aux dames, de s'effacer pour les laisser franchir une porte avant eux. Ils se défouleraient pour ainsi dire en prenant plaisir aux plaisanteries qui les visent. Ce serait encore une façon de briser des contraintes, de se libérer d'une obligation en se jouant des usages que l'on respecte par ailleurs.

On pourrait emplir un livre avec tous les sarcasmes plus ou moins spirituels qui sont dirigés contre le beau sexe. On se contentera ici de présenter quelques échantillons de ce comique fondé sur les jugements concernant celles qui, cependant, font battre le cœur des machos.

Une première catégorie de citations obéit à une sorte d'inversion des rôles. Les hommes se plaignent d'une domination féminine insidieuse. Ils se posent en victimes :

« Ève est la première femme qui ait fait manger une pomme à une poire. » (Alphonse Allais)

« On peut avoir le dernier mot avec une femme, à condition que le mot soit oui. » (Alfred de Musset)

Le sexe fort aime à reconnaître sa faiblesse ou bien il se défend d'être dupé :

« Une maîtresse femme est une femme dont on ne voudrait ni pour maîtresse, ni pour femme. »

« Un homme court après une femme jusqu'au jour où c'est elle qui l'attrape. »

« La seule chose qui compte pour une femme, c'est de savoir si on la quitte ou si c'est elle qui s'en va. » (André Roussin)

Souvent aussi, on se plaint d'elles, des contraintes qu'elles imposent.

« On les a dans les bras, puis sur les bras et bientôt sur le dos. » (Sacha Guitry)

« Il y a des femmes qui n'aiment pas faire souffrir plusieurs hommes à la fois et qui préfèrent s'appliquer à en faire souffrir un seul. Ce sont les femmes fidèles. » (Alfred Capus)

« Je veux bien être embêté par une femme, mais pas tout le temps par la même. » (Alfred Capus)

Si l'on rapproche ces deux fortes pensées, voilà un humoriste bien connu qui reproche aux femmes aussi bien d'être volages que d'être fidèles.

D'autres auteurs critiquent même la vertu féminine :

« Il y a des femmes honnêtes, comme il y a des vocations manquées. » (Augustin Brohan)

« L'honnêteté des femmes est souvent l'amour de leur réputation ou de leur repos. » (La Rochefoucauld)

« Les honnêtes femmes sont inconsolables des fautes qu'elles n'ont pas commises. » (Sacha Guitry)

« Pendant la Commune, les femmes ont mangé du chien. Nous espérions que cela les rendrait fidèles. Pas du tout. Elles ont demandé des colliers. » (Adrien Scholl)

« Quand les femmes ne prêtent plus à la médisance, elles s'y adonnent. » (Émile Augier)

Est restée célèbre la méchante définition du philosophe Schopenhauer : « La femme est un animal à cheveux longs et à idées courtes. »

Généralement on s'en prend à ce qui pourrait être une mentalité différente, une façon particulière d'affronter la vie.

« Les femmes n'aiment rien tant que ce qu'elles ne comprennent pas. »

« Lorsqu'elles ont fait le contraire de ce qu'on leur demandait, elles croient qu'elles ont pris une initiative. » (Sacha Guitry)

« Les femmes sont malheureuses parce qu'elles s'entêtent à croire qu'elles pourraient être heureuses. » (Sacha Guitry)

« Elles croient que tous les hommes sont pareils, parce qu'elles se conduisent de la même façon avec tous les hommes. » (Sacha Guitry)

Molière, à l'époque des *Précieuses ridicules,* était plus condescendant : « Je consens, faisait-il dire à l'un de ses personnages, Clitandre, qu'une femme ait des clartés de tout. »

Mais on pourrait à travers d'autres citations faire le bilan de leurs défauts, du moins ceux que leur prêtent les censeurs masculins. On leur reproche souvent d'être instables :

« Pourquoi contredire une femme ? Il est plus simple d'attendre qu'elle ait changé d'avis. » (Jean Anouilh)

« Les femmes ressemblent aux girouettes. Elles se fixent quand elles se rouillent. » (Voltaire)

« Ou les femmes ne pensent à rien, ou elles pensent à autre chose. » (Alexandre Dumas fils)

Naturellement, on dénonce aussi leurs infidélités.

Feydeau fait parler en ces termes la vedette d'une de ses pièces :

« Quel dommage que l'on ne puisse pas avoir un amant sans tromper son mari. »

« Il y a des femmes si susceptibles et tellement assoiffées d'égards qu'on n'ose pas se permettre de ne pas leur faire la cour. » (Sacha Guitry)

Philippe Bouvard, lui, invente un commandement à l'usage des femmes :

« Tu aimeras ton prochain comme le précédent. »

On prête aussi aux femmes des rapports particuliers avec la vérité :

« Les femmes sont tellement menteuses qu'on ne peut même pas croire le contraire de ce qu'elles disent. » (Courteline)

« Une femme est franche quand elle ne fait pas de mensonges inutiles. » (Anatole France)

« Le mensonge ne sied qu'aux femmes. » (Paul Guth)

Cela ne les empêche pas de prétendre qu'elles sont dans le vrai.

« Ce qu'une femme appelle avoir raison, c'est n'avoir pas tous les torts. » (Rivarol)

On fera toujours rire en se moquant de leur façon de tricher avec leur âge. Selon Oscar Wilde, « une femme met au moins quarante-cinq ans pour avoir la trentaine ». Et Rip faisait un calcul du même genre en disant : « Les dix meilleures années d'une femme sont entre 25 et 26 ans. »

Les femmes ont la réputation (peut-être usurpée) de se faire attendre. « Elles ont des montres, disait Jean Marsac, non pour éviter d'être exactes, mais pour être sûres qu'elles sont retard. »

« Quand tu arriveras un jour à l'heure, c'est que tu te seras trompée d'heure. » (Sacha Guitry)

Les hommes se plaignent des ennuis ou des difficultés qu'ils peuvent avoir à trop les aimer ou les rechercher. « La chasse aux femmes est un sport passionnant. Les ennuis commencent quand vous en attrapez une. » (Robert Rocca)

« L'homme croit qu'il choisit la femme. C'est la femme qui choisit l'homme qui la choisira. » (Paul Géraldy)

« La femme est, selon la Bible, la dernière chose que Dieu a faite... On sent la fatigue. » (Chateaubriand)

Elles sont aussi ingrates.

« La femme ne voit jamais ce qu'on fait pour elle. Elle ne voit que ce qu'on ne fait pas. » (Courteline)

Elles sont jalouses les unes des autres.

« Louer une femme devant une autre, c'est insulter cette dernière. »

On répète beaucoup qu'elles sont bavardes. Les plaisanteries sur ce sujet sont innombrables. En voici deux, à titre d'exemples :

« Dieu a fait l'homme avant la femme pour lui permettre de placer quelques mots. » (Jean Rigaux)

« Un optimiste est un homme qui croit qu'une dame a terminé sa conversation téléphonique parce qu'elle a dit "Au revoir". » (Marcel Achard)

« Quand une femme se tait, c'est qu'elle a quelque chose à dire. » (Cocteau)

N'oublions pas, car c'est un gentil défaut, parfois plaisant, qu'elles sont coquettes, qu'elles aiment les bijoux et les fourrures. Cela n'empêche qu'Adrien Scholl était bien insolent lorsqu'il écrivait : « La fourrure, c'est une peau qui change de bête. »

Tout cela peut coûter cher, et les hommes, ces rustres, peuvent en faire reproche.

« La femme est un roseau dépensant », disait Jules Renard, paraphrasant Pascal.

Selon Clemenceau, ce sont celles qui ne demandent rien qui coûtent le plus cher.

« Le silence est la seule chose en or que les femmes détestent. » (Pierre Daninos)

Ce qui, en même temps, reprend l'allusion à leurs bavardages.

Coluche usait d'un raisonnement spécieux pour condamner globalement la gent féminine. « Si les femmes étaient bonnes, Dieu en aurait une. »

Voici trois curieuses réflexions qui demanderaient quelques justifications de la part de leurs auteurs :

« Laissons les jolies femmes aux hommes sans imagination. » (Marcel Proust)

« Aimer les femmes intelligentes est un plaisir de pédéraste. » (Baudelaire)

« Ce doit être une femme qui a inventé la reconnaissance du ventre. » (W. Witcherley)

Il serait temps d'entendre les avocats de la défense. Ils ne sont pas aussi nombreux que les procureurs. En cherchant bien, on en trouve quelques-uns. Écoutons les :

« Ce génie particulier de la femme qui comprend l'homme mieux que l'homme ne se comprend. » (Victor Hugo)

« La femme est une religion. » (Michelet)

« On ne naît pas femme. On le devient. » (Simone de Beauvoir)

« Un psychiatre est un homme que l'on paye très cher pour qu'il nous pose des questions qu'une femme, elle, nous pose gratuitement. » (Paul Guth)

« Oh ! N'insultez jamais une femme qui tombe
Qui sait sous quel fardeau la pauvre âme succombe. »
(Victor Hugo)

« La punition de ceux qui ont aimé les femmes est de les aimer toujours. » (Henry Meilhac)

Ces plaidoiries, à vrai dire, sont équivoques. En voici de plus solides :

« La femme mariée est une esclave qu'il faut savoir mettre sur un trône. » (Balzac)

« Être une femme, ce n'est pas un métier facile. On y a toujours affaire aux hommes. » (William Conrad)

« Je suis contre les femmes, tout contre. » Cette phrase célèbre est souvent attribuée à Sacha Guitry, mais il semble qu'elle ait pour auteur Maurice Donay. Il est vrai que Sacha Guitry, dont le nom est revenu très souvent dans ce chapitre, comme dans le précédent, avait bien besoin de faire savoir que ses divorces successifs ne faisaient pas de lui un misogyne.

Il savait aussi décerner un joli compliment à l'élue du moment :

« Comment les autres hommes peuvent-ils vivre sans toi ? »

Il disait aussi : « Si les femmes savaient combien on les regrette, elles partiraient plus vite. »

La morale de toute cette histoire de guérilla entre les deux sexes, avec de gros bataillons du côté des mâles, pourrait trouver sa conclusion dans les citations que voici :

« Il faut avoir diablement aimé les femmes pour les détester. » (Paul Léautaud)

« Faut-il donc qu'on les aime pour en parler comme je le fais. » (Sacha Guitry)

« Les hommes ont tort de dire du mal des femmes. Elles font cela tellement mieux qu'eux. » (Noctuel)

Maupassant, mi-figue mi-raisin, ne donne raison à personne dans ce procès, où il se prononce en ces termes : « La femme ressemble à ces verres de champagne où tout est mousse. Quand on a fini par trouver le fond, c'est bon tout de même, mais il y en a trop peu. »

Jacques Mailhot prend peut-être la défense des femmes en écrivant ceci : « Tout électeur a besoin d'avoir une femme dans sa vie. Il ne peut pas tout mettre sans cesse sur le dos du gouvernement[1]. »

En réalité, peut-on parler des femmes en général ? Elles sont, heureusement, fort diverses. En outre, la preuve qu'elles ne sont pas méchantes, c'est qu'elles ne médisent pas des hommes autant que ceux-ci exercent leur esprit contre elles, avec d'ailleurs plus ou moins de bonheur, car il ne suffit pas de juger pour faire preuve d'esprit.

Voilà donc un chapitre qui se termine par sa propre mise en question.

1. J. Mailhot, *La Politique d'en rire,* Michel Lafon, 1986.

Mais on en peut retenir une conclusion. Il démontre, en effet, que le respect, l'admiration et la ferveur à l'égard des femmes sont des règles bien inscrites dans notre civilisation, puisqu'on y trouve des sources de plaisanterie, et que l'on croit pouvoir faire rire en les transgressant par jeu.

12

DE L'ESPRIT

Qu'est-ce que l'esprit, qu'est-ce que le mot d'esprit, qu'est-ce qu'un homme spirituel ?

Tous les bons dictionnaires définissent d'abord l'esprit comme « le principe pensant en général », la pensée, ce qu'on oppose souvent à la « matière ». L'âme est alors citée comme un synonyme.

Un esprit peut être aussi une sorte de revenant. De là, on passe au sens plus approprié à l'usage qui en est fait ici. On donne alors comme définition la vivacité, l'ingéniosité dans la façon de concevoir et d'exposer quelque chose. On l'assimile volontiers à l'humour. Plus précisément, on cite l'expression « faire de l'esprit », qui signifierait : « Chercher l'occasion de placer des mots piquants. »[1]

Assez naturellement, on range l'esprit, envisagé de cette façon, dans le chapitre du comique, mais en le distinguant

1. Selon M. Donnay, l'esprit est « une façon d'exprimer avec gravité des choses frivoles, avec légèreté des choses sérieuses ».

de ce qu'on nomme le « gros comique ». Est-ce à dire que les calembours, les jeux de mots, les fantaisies contraires aux règles de la raison sont toujours en dehors de ce qui peut être considéré comme « spirituel » ?

Pour répondre à cette question, il faut se référer au principe général du comique. Dans les chapitres précédents, il a été défini comme un jeu consistant à mimer une libération, une sorte de revanche sur tous les déterminismes, toutes les contraintes, les règles, les habitudes, les manies, les automatismes, les déroulements programmés. Dans ces conditions, on peut admettre que le mot d'esprit qui est comique ou du moins s'apparente au comique va plus loin que les astuces de vocabulaire et se joue de nos relations avec le monde, de notre façon de voir les gens. Il est à la fois plus profond et plus léger que le calembour ou le grain de folie verbal.

L'esprit se manifeste par des mots beaucoup plus souvent que par des mimiques ou des attitudes, et, à ce titre, il peut prendre place dans la littérature. Il apporte une façon nouvelle, originale ou cocasse de voir les choses, les êtres, les situations. On pourrait presque dire, pour reprendre une expression à la mode mais un peu usée, qu'il déstabilise nos points de vue et nos prises de position habituelles.

En un certain sens, il les rajeunit. Son efficacité est d'autant plus frappante qu'il est bref, qu'il réalise cette œuvre mieux que ne le ferait un long discours. Souvent, il peut prendre place parmi les maximes et pensées.

Cependant, il faut ici se garder de ce qui paraît laborieux. On doit conserver à ce type de comique un caractère primesautier. C'est ce que mettent en évidence plusieurs sentences qui sont peut-être elles-mêmes des mots d'esprit. La plus classique est sans doute celle que formula Gresset : « L'esprit qu'on veut avoir gâte celui qu'on a. » Au passage, on peut rappeler que Jacques Deval disait exactement la même chose du bonheur, ce qui permet de situer l'esprit dans un contexte plus vaste inclinant à la modestie[1]. Le bon La Fontaine mettait lui aussi en garde contre ceux qui, pour parler familièrement, veulent toujours « trop en faire », comme la grenouille qui tentait d'être aussi grosse que le bœuf.

L'esprit ne brille que s'il est naturel, spontané.

Montesquieu, sur le même sujet, disait : « Quand on court après l'esprit, on attrape la sottise. » Plus précis encore est ce jugement d'André Maurois : « Il ne suffit pas d'avoir de l'esprit. Il faut en avoir assez pour s'abstenir d'en avoir trop. » C'est pourquoi ceux qui veulent à tout prix se faire cataloguer comme spirituels peuvent devenir agaçants et susciter quelques inimitiés qui ne sont pas toujours de simples déguisements de la jalousie. C'est ainsi que Beaumarchais allait jusqu'à affirmer : « Les gens d'esprit sont bêtes. » Il n'avait pourtant rien à leur envier et n'était pas bête pour autant. Maxime Du Camp était plus précis en écrivant : « L'esprit est ce qu'il y a de plus bête au monde. »

Il est vrai que, dans certains cercles mondains, on n'est estimé que si l'on brille. Nicolas de Chamfort reconnaissait volontiers qu'il en était bien ainsi, lui qu'on peut classer parmi les plus illustres fabricants de bons mots. « On n'imagine pas, écrivait-il, combien il faut d'esprit pour n'être pas ridicule. »

1. Yvan Audouard atténuait le mot de Gresset en ces termes : « L'esprit qu'on veut avoir est souvent le seul dont on dispose. »

Mais briller en société n'est pas une supériorité universellement reconnue. Par exemple, en Grande-Bretagne, on se méfie beaucoup de ceux qui mêlent trop volontiers la plaisanterie aux discussions sérieuses. Le pays de l'humour est aussi celui de la mesure. À un universitaire étranger réputé pour son esprit qui venait à Londres pour faire un exposé philosophique, le responsable du cercle d'accueil donna d'emblée ce conseil : « Ne soyez pas brillant. »

C'est pourquoi, en définitive, il est très difficile, parmi les formules piquantes, de faire le départ entre celles qui sont spirituelles, celles qui pourraient le paraître et celles qui le sont sous des apparences sérieuses.

De la même façon, les frontières ne sont pas tranchées entre les différentes sortes de comique léger. Et pourtant, elles ne doivent pas être totalement confondues. Comme l'écrivait très justement Congreve : « Tous les gens d'esprit ne sont pas humoristes, mais tous les humoristes sont des gens d'esprit. »

Il s'agit toujours de jouer avec les mots, mais pas seulement entre leurs sons comme dans le pur calembour, ni même avec leur double sens comme dans la plaisanterie d'un niveau un peu supérieur mais toujours attachée aux faiblesses du vocabulaire. Où commence le comique, où finit-il ? Il est certain que le mot d'esprit fait rarement rire. Peut-être sourire, mais même pas toujours. Il devient aisément moralisateur et déborde parfois l'espace du bon mot.

S'il n'est pas forcément inclus dans le domaine du vrai comique, sa fonction secrète est cependant la même. Il nous donne l'illusion de nous affranchir des routines, il nous apporte une vision neuve, originale, et cela en une phrase. Il est un raccourci d'un discours libérateur.

On ne s'étonnera pas que le mot d'esprit s'inscrive dans de nombreux registres très différents les uns des autres ; qu'il puisse plaire aux uns et déplaire aux autres. Il est par essence contestable.

13

VISIONS, DÉFINITIONS, CONSEILS

Nous faire percevoir ou imaginer les choses et les êtres autrement que nous le faisons naturellement, c'est peut-être l'une des missions et prérogatives des artistes. Les impressionnistes, entre autres, se sont souvent exprimés sur leur volonté de retrouver la véritable vision derrière ou au-dessus de celle que nous croyons être la vraie dans la vie courante. « Voilà ce que tu voulais dire », tel était le défi adressé par un peintre à la nature quand il achevait son œuvre. Marcel Proust, comparant le peintre Elstir à madame de Sévigné, disait qu'il était capable, comme elle, de nous faire voir le monde avec d'autres yeux.

Quant aux animaux, le bon La Fontaine, après Ésope, les a transfigurés en leur donnant la parole. Mais une fable n'est pas un mot d'esprit, pas plus qu'un tableau de maître, encore qu'on y puisse trouver une inspiration relevant de l'esprit sous sa forme la plus générale. Le caricaturiste, d'autre part, joue avec la physionomie d'une personne de manière qu'elle soit encore ressemblante mais en modifiant notre habituelle façon de la percevoir. Il s'agit bien là, incontestablement, du comique visuel.

Mais le mot d'esprit, tout en appartenant à la même famille, conserve sa spécificité, même quand il prend pour cible un objet, un animal ou un visage humain.

Jules Renard s'était fait une spécialité de cet art très particulier. En voici quelques exemples[1] :

« La pie a toujours l'air de descendre un escalier. »

« Les crabes sont des galets qui marchent. »

« Un chien, on dirait une descente de lit empaillée. »

« Des bateaux s'en vont, d'autres rentrent. Ils se déshabillent de leurs voiles. »

« Les beaux cygnes, vêtus de leur seule neige. »

« Je ne puis regarder une feuille d'arbre sans être écrasé par l'univers. »

« Quand un train passe sur une plaque tournante, les wagons ont l'air d'avoir le hoquet. »

D'autres réflexions peuvent renouveler notre vision de ce qui nous entoure :

Courteline disait : « En hiver, les arbres sont en bois. »

Henri Monnier contemplant la mer : « Une telle quantité d'eau frise le ridicule. »

Selon Paul Éluard, l'ombre est le chef-d'œuvre du soleil.

« Les navires sont des mouches dont la toile d'araignée est la mer. » (Victor Hugo)

« Les rivières sont des chemins qui marchent. » (Pascal)

Noctuel est, lui aussi, l'auteur de plusieurs réflexions du même genre[2]. En voici quelques exemples :

1. Cf. Hervé Lauwick, *D'Alphonse Allais à Sacha Guitry,* Presses Pocket, 1963, pp. 178 *sq.*
2. *Visas pour l'humour,* Denoël, 1962.

« Le point d'un i aperçoit un tréma : "Oh ! s'écrit-il, des jumeaux." »

« Un oignon aperçoit un saule pleureur : "Oh ! fait-il, j'espère que ce n'est pas ma faute." »

« Galant, un volcan demande à une montagne : "La fumée ne vous dérange pas ?" »

« Un képi voit passer un casque : "Tiens ! dit-il, un blindé." »

Hervé Lauwick cite aussi le joli mot d'une élève : « Une libellule, ôtez lui les ailes, c'est un haricot » — Le professeur approuva mais ajouta qu'il préférait dire : « Un haricot, mettez lui des ailes, c'est une libellule. »

Ces quelques visions originales sur le monde côtoient souvent un thème plus général dans le champ des mots d'esprit. C'est celui des définitions. Il ne s'agit plus ici d'une certaine façon de s'amuser avec les diverses significations d'un vocable ou d'un groupe de syllabes, comme on le fait dans le calembour et le double sens. La démarche est moins nette et plus subtile. Le mot d'esprit consiste ici à proposer une définition insolite qui nous détourne de nos habituelles façons d'aborder un concept. Parfois on ouvre les yeux sur le sens le plus proche de la vérité.

Parmi les nombreux exemples de ce petit jeu, voici un florilège :

« Une vieille fille, c'est la veuve d'un célibataire. » (Jacques Grello)

« Voyeurisme : perversion sexuelle encouragée par la télévision[1] »

1. Michel Schiffres, *Les Hexagons,* Robert Laffont, 1994.

« Alcoolisme : forme de patriotisme destinée à éponger l'excédent et à juguler la crise dans le Languedoc-Roussillon[1]. »

« Météorologie : somme d'inexactitudes calculées scientifiquement[2]. »

« Formation : c'est l'éducation chez les pauvres. »

« Le carré est un triangle qui a réussi, ou une conférence qui a mal tourné[3]. »

« Admiration : façon polie de reconnaître que l'autre nous ressemble. » (A. Biern)

« Le corps : signe extérieur d'existence. » (Joseph Joubert)

« Piéton : automobiliste qui ne retrouve plus l'endroit où il a garé sa voiture. »

« Juriste : personnage apte à trouver dans la loi ce que le législateur n'y avait pas mis. » (Jean Rivoire)

« Acheter une ou deux personnes, c'est de la corruption. En acheter beaucoup, c'est de la publicité. » (Benjamin Constant)

« La réputation, c'est l'écho de la bêtise des autres. » (Jean-Edern Hallier)

« Secret : la chose que les gens partagent le plus volontiers. » (Jean Mistler)

« Raccourci : route sur laquelle on ne rencontre personne à qui demander son chemin. »

« Le souvenir est un passé présent. » (Thierry Maulnier)

1 Jacques Mailhot, *La Politique d'en rire,* Michel Lafon, 1986.
2. *Ibid.*
3. Cf. Jacques Pessis, *Pierre Dac, op. cit.*

« Scrupule : qualité rigoureusement nécessaire pour échouer en tout. » (Georges Elgozy)

« On appelle mauvaise foi les convictions des autres qu'on ne partage pas. » (Philippe Bouvard)

« La modestie est l'art de faire dire par d'autres tout le bien qu'on pense de soi-même. » (Philippe Bouvard)

« Une jolie femme est celle que je remarque. Une femme charmante est celle par qui je suis remarqué. » (Thomas Erskine)

« Le vice, c'est le mal qu'on fait sans plaisir. » (Colette)

« La chance, c'est ce qu'on ne mérite pas. » (Paul Guth)

« L'actualité, c'est ce qui ce matin semble être quelque chose et ce soir ne sera plus rien. » (Jean Mistler)

« Le musée est l'église des collectionneurs. » (Maurice Rheims)

« L'ennui est le propre des hommes... L'ennui est une trappe où les hommes disparaissent... L'ennui, c'est l'être à l'état pur qui n'en peut plus de la vie et qui ne veut plus de l'histoire. » (Jean d'Ormesson)

« Le télévoyageur est un voyageur sédentaire. » (Régis Debray)

« Le vieillard est un homme qui a dîné et qui regarde les autres manger. » (Honoré de Balzac)

« La célébrité, c'est l'avantage d'être connu de ceux que vous ne connaissez pas. » (Chamfort)

« La musique, c'est un bruit qui pense. » (Victor Hugo)

« La télévision, c'est un type qui entre chez vous et qui s'installe. » (Jacques Tati)

« Le tourisme est l'industrie qui consiste à transporter des gens qui seraient mieux chez eux dans des endroits qui seraient mieux sans eux. » (Jean Mistler)

« Le vrai pauvre, le grand déshérité, c'est celui que personne n'écoute. » (Jacques Chancel)

« Un ami est celui à qui vos succès font plaisir. » (Nicole Maurey)

« L'histoire est un roman qui a été. Le roman est de l'histoire qui aurait pu être. » (E. et J. de Goncourt)

« Aimer, c'est se donner du mal pour qui l'on aime. » (Jacques de Bourbon-Busset)

« La mémoire, c'est l'art d'oublier. » (Henri Bergson)

« La culture, c'est ce qui reste quand on a tout oublié. » (Édouard Herriot)

Certains conseils sont assez proches des définitions, comme le montrent ces quelques exemples :

« La vie sociale consiste à détruire ce qui lui donne son arôme. » (Claude Lévi-Strauss)

Quelques remarques peuvent rejoindre cette catégorie de sentences éclairant une situation d'un jour nouveau :

« Les gens ne connaissent pas leur bonheur. Mais celui des autres ne leur échappe jamais. » (Daninos)

Pancarte brandie par un soldat auto-stoppeur : « Payez-vous le luxe d'une escorte militaire. »

« Passer pour un idiot aux yeux d'un imbécile est une volupté de fin gourmet. » (Courteline)

« Il faut être économe de son mépris, car il y a beaucoup de nécessiteux. » (Chateaubriand)

« Il vaut mieux gâcher sa jeunesse que de n'en rien faire du tout. » (Courteline)

« Dans ma jeunesse, mon père me donnait deux louis par mois — Et vous arriviez à vivre comme cela ? — Oui, et je trouvais même le moyen de faire des dettes. » (Alfred de Musset)

Certains conseils et jugements frisent le paradoxe. En voici des échantillons :

« Si vous voulez que votre femme écoute ce que vous dites, dites-le à une autre. » (Jules Renard)

« Si l'argent ne fait pas le bonheur, rendez-le. » (Jules Renard)

« Je ne comprends rien à la vie. Mais il est possible que Dieu y comprenne quelque chose. » (Jules Renard)

« La seule manière de se délivrer d'une tentation, c'est d'y céder. » (Oscar Wilde)

« On ne peut pas faire en même temps son métier et une carrière. » (Édouard Herriot)

« Les malentendus font des divorces. Ils font encore plus d'unions. »

« En art comme ailleurs, il faut vivre au-dessus de ses moyens. » (Jean Dutourd)

« Il faut choisir dans la vie entre gagner de l'argent et le dépenser. On n'a pas le temps de faire les deux. » (Édouard Bourdet)

De la même veine, on citerait quelques belles formules qui peuvent surprendre surtout si elles sont évidentes, tout en étant parfois excessives. Certaines deviennent proverbiales :

« On ne résout pas les problèmes, on apprend à vivre avec eux. » (Charles de Gaulle)

« La gloire, c'est la défaite des autres. » (Charles de Gaulle)

« Toute phrase qui a besoin d'explication ne mérite pas qu'on l'explique. » (Voltaire)

« Le devoir, c'est ce qu'on exige des autres. »

« Les absents ont toujours tort. » (Destouches)

« Il faut manger pour vivre, et non pas vivre pour manger. » (Molière)

« Si Dieu nous a faits à son image, nous le lui rendons bien. » (Voltaire)

« Qui veut noyer son chien l'accuse de la rage. » (Molière)

« Toute chose appartient à qui sait en jouir. » (André Gide)

L'esprit permet aussi parfois de se sortir d'une situation difficile sans être offensant. On en peut tirer quelques conseils ou de bonnes recettes :

La comédienne Madeleine Brohan, abordée par un joli garçon, l'éconduit en ces termes : « Vous vous trompez, Monsieur. Mais croyez que je le regrette infiniment. »

Un mari à qui son épouse reprochait de n'être pas assez aimable avec ses parents à elle lui répondit : « Je n'ai rien contre ta famille. La preuve, c'est que j'aime mieux ta belle-mère que la mienne. »

Constatations évidentes mais formulées de façon insolite, jugements abrupts, pour dire avec originalité ce qui ferait partie de la sagesse des nations, voilà encore quelques facettes de ce qu'on peut appeler les mots d'esprit, dont certains ont fait fortune :

« L'impuissance est la seule tare de l'homme non transmissible héréditairement. » (Alfred Sauvy)

« Quand on est malheureux, on ne fait le bonheur de personne. » (Sacha Guitry)

« Quand on se réjouit d'être jeune et qu'on remarque qu'on se porte bien, c'est la vieillesse. » (Jules Renard)

« Il en est des défauts comme des phares des automobiles. Seuls ceux des autres vous aveuglent. » (Maurice Druon)

« Les affaires, c'est l'argent des autres. »

« Tous les hommes naissent égaux. Mais c'est la dernière fois qu'ils le sont. » (Abraham Lincoln)

« On ne donne rien si libéralement que ses conseils. » (La Rochefoucauld)

« À 20 ans, l'enfant déforme les femmes. À 30 ans il les conserve, et je crois bien qu'à 40 il les rajeunit. » (Léon Blum)

« La pensée vole et les mots vont à pied. Voilà tout le drame de l'écrivain. » (Julien Green)

« Les libertés les plus évidentes sont celles que nous pratiquons chaque jour. » (Louis Leprince-Ringuet)

L'esprit trouve aussi sa place dans ce qui n'est pas évident, mais pourtant révélateur :

« Un homme puissant flatte plus son interlocuteur par une confidence que par un compliment. » (Maurice Druon)

« La nature humaine est ainsi fabriquée que les hommes n'aiment pas ceux qui leur font du bien, qui veulent leur liberté ou leur bonheur. » (Jean Dutourd)

« Les pays où il y a le plus d'honneur sont ceux où l'on travaille le moins. » (Jean Dutourd)

« Jusqu'à 30 ans, on écrit le brouillon de sa vie. » (Jean Dutourd)

« L'âge où l'on se décide à être jeune importe peu. » (Henri Duvernois)

« Pendant des millénaires, l'homme a pu monter sur un cheval, mais non pas le battre à la course. » (Edgar Faure)

« Les amants qui s'expliquent sont déjà brouillés ou vont l'être ; celui qui se justifie est déjà coupable ou le sera bientôt. » (André Frossard)

« L'existence d'une très jolie femme ressemble à celle d'un lièvre le jour de l'ouverture. » (Paul Morand)

« La seule chose qui compte pour une femme, c'est de savoir si on la quitte ou si c'est elle qui s'en va. » (André Roussin)

« On ne trahit bien que ceux qu'on aime. » (Maurice Sachs)

« Le moment où je parle est déjà loin de moi. » (Boileau)

On apprécie aussi une constatation simple mais juste. Exemple : « De nos jours, il est indispensable de savoir lire vite, sinon on n'arrive jamais à sortir de l'autoroute. »

14

RETOURNEMENTS ET CONTRASTES

L'esprit ressemble parfois à un jeu de cache-cache. Plus encore que les fausses évidences et les notations imprévues, on trouve sur ses terres d'élection des aphorismes qui semblent se démentir dans le courant de la phrase, ou encore des effets de surprise, des attentes déçues. On ne pourrait empêcher que ce chapitre rejoigne parfois le précédent, car il n'y a guère de classements immuables dans la jungle des mots d'esprit ou prétendus tels.

Voici d'abord des jugements qui semblent se retourner sur eux-mêmes ou sur ce qu'ils suggéraient d'abord :

« Le paresseux est celui qui ne fait pas semblant de travailler. » (Tristan Bernard)

« On ne sait jamais ce que le passé nous réserve. » (Bref-fort)

« La justice est la forme endimanchée de la vengeance. » (Stephen Hecquet)

« Sois modeste. C'est la forme d'orgueil qui déplaît le moins. » (Jules Renard)

« La modestie est le seul sentiment qui cesse d'exister à l'instant où l'on commence à l'évoquer. » (Philippe Bouvard)

« La fausse modestie est le plus décent de tous les mensonges. » (Chamfort)

« C'était un homme aigri par le succès. » (Jules Renard)

« Marcher devant le troupeau ne signifie jamais qu'on cesse d'en faire partie. » (Maurice Druon)

« L'expérience ressemble aux cure-dents. Personne ne veut s'en servir après vous. » (Roland Dorgelès)

« L'expérience est le nom que les hommes donnent à leurs erreurs. » (Oscar Wilde)

« L'expérience est ce qu'il nous reste quand nous ne pouvons plus faire d'expérience. » (Jean Mistler)

« L'expérience c'est un peigne que la vie vous donne une fois que vous êtes chauve. » (Bernard Blier)

« Tous les hommes sont coureurs sauf quelques sportifs. » (Philippe Bouvard)

« Les hommes ne sont pas rares qui aiment à faire payer les services qu'on leur rend. » (Courteline)

« Les gens se vengent des services qu'on leur rend. » (L.-F. Céline)

« Une vie ne vaut rien mais rien ne vaut une vie. » (André Malraux)

Dans un pays communiste, un très haut fonctionnaire disait à propos de la religion : « Je suis croyant, mais pas pratiquant. » Ensuite, interrogé sur ce qu'il pensait du régime et de l'idéologie marxisme, il répondait : « Je suis pratiquant, mais pas croyant. »

« J'appelle amour une torture réciproque. » (Marcel Proust)

« La franchise, c'est l'habileté des fourbes. » (G. Elgozy)

« Une tradition, ce n'est jamais qu'un progrès qui a réussi. » (Maurice Druon)

« La plus haute tâche de la tradition est de remettre au progrès la politesse qu'elle lui doit et de permettre au progrès de surgir de la tradition, comme la tradition a surgi du progrès. » (Jean d'Ormesson)

Clemenceau, parlant de Poincaré : « Il sait tout, mais rien d'autre. »

« L'avenir n'est plus ce qu'il était. » (Paul Valéry)

« Il y a des gens qui augmentent votre solitude en venant la troubler. » (Sacha Guitry)

« La parole a été donnée à l'homme pour déguiser sa pensée. » (Talleyrand)

« On compte ses ancêtres quand on ne compte plus. » (Chateaubriand)

Le docteur Ferrus parlant au baron Haussmann d'un ami commun : « Il s'est mal conduit avec vous. Il ne vous le pardonnera pas. »

« Il y a des péchés si flatteurs qu'en les confessant on en commet un autre : l'orgueil. » (Rivarol)

« Il y a des bêtises que j'ai faites uniquement pour avoir le plaisir de les raconter. » (Sacha Guitry)

« Ceux qui ont de la chance ne croient pas au hasard. » (Yvan Audouard)

« La confidence est la forme la plus sûre de la publicité. » (Édouard Herriot)

« Avoir beaucoup d'amis, c'est n'avoir pas d'amis. » (Aristote)

« Le barbare, c'est d'abord l'homme qui croit à la barbarie. » (Claude Lévi-Strauss)

« On court après le bonheur et l'on oublie d'être heureux. » (Cavanna)

« Le diplôme, c'est un parchemin conférant le droit d'oublier une science. » (Jean Mistler)

« Qui n'a pas un grain de folie n'est pas si sage qu'il croit. » (Jean Dutourd)

« Il faut faire des choses folles, mais avec le maximum de prudence. » (Henry de Montherlant)

« Si tous ceux qui croient avoir raison n'avaient pas tort, la vérité ne serait pas loin. » (Pierre Dac)

« La vérité d'un homme, ce sont ses erreurs. » (Francis Picabia)

« En attendant qu'elle unisse, rien ne divise comme la vérité. » (Jean Rostand)

« Se fabriquer des ennemis est une occupation d'aristocrate. » (Jacques Chancel)

« On a bien de la peine à avoir du plaisir. » (Madame du Deffand)

« Nos vertus ne sont le plus souvent que des vices déguisés. » (La Rochefoucauld)

« Se moquer de la philosophie, c'est vraiment philosopher. » (Pascal)

« La bonté, cela existe, et la preuve, c'est qu'on en rit. » (Jacques de Bourbon-Busset)

« Rien n'est peut-être plus égoïste que le pardon. » (André Chamson)

« La mode, c'est ce qui se démode. » (Coco Chanel)

« L'honneur n'a que faire des honneurs. » (G.K. Chesterton)

« La célébrité suscite la jalousie, au contraire de la gloire. » (Michel Déon)

« Un égoïste, c'est quelqu'un qui ne pense jamais à moi. » (H. Nègre)

« L'avenir, c'est du passé en préparation. » (Pierre Dac)

« Les deux plus grandes joies humaines sont probablement d'obéir et de désobéir. » (Jean Dutourd)

« Ils sont unis par la conscience de ce qui les sépare. » (Jean-Jacques Gautier)

« Le plus grand bien que nous ait jamais donné l'amour, c'est de nous avoir fait croire à l'amour. » (Paul Valéry)

« Le modernisme, ce culte du présent, est valable seulement s'il sait que le présent s'abolit à chaque instant. » (René Huyghe)

« Je déteste les bêtes mais j'adore les animaux. » (Paul Léautaud)

« Le savant n'est pas l'homme qui fournit les vraies réponses ; c'est celui qui pose les vrais problèmes. » (Claude Lévi-Strauss)

« La vertu peut dissiper autant que l'inconduite. » (Félicien Marceau)

« Ce qui fait le prix d'un privilège, ce n'est pas d'en jouir, c'est que les autres n'en jouissent pas. » (Thierry Maulnier)

« Ce que les hommes vous pardonnent le moins, c'est le mal qu'ils ont dit de vous. » (André Maurois)

« On peut tout dire de l'amour. Tout ce qu'on en dit est vrai, et le contraire aussi. » (Jean d'Ormesson)

« Il n'y a rien de plus simple que Dieu. C'est le reste qui est compliqué. » (Jean d'Ormesson)

« Les chercheurs sont comme des canards sauvages. Si on veut les domestiquer, ils perdent leur sens de l'orientation. » (Alain Peyrefitte)

« L'honneur, c'est comme les allumettes. Ça ne sert qu'une fois. » (Marcel Pagnol)

« Les absents ont toujours tort de revenir. » (Jules Renard)

« Dis quelquefois la vérité, afin qu'on te croie quand tu mentiras. » (Jules Renard)

« Un homme sérieux n'a pas d'idées. Un homme à idées n'est jamais sérieux. » (Paul Valéry)

« Un homme compétent est un homme qui se trompe selon les règles. » (Paul Valéry)

« Tout le monde a le droit d'être vaniteux tant qu'il n'a pas réussi. » (Disraeli)

« Le Mal connaît le Bien. Mais le Bien ignore le Mal. » (Franz Kaflen).

Ce qui est remarquable dans les fortes pensées de ce genre, c'est qu'on pourrait aussi bien dire le contraire.

« Il n'est pire aveugle que celui qui ne veut rien entendre. » (Yvan Audouard)

« Il pratiquait la politique du pire, faute de mieux. » (Yvan Audouard))

« Contre la peur, un seul remède : le courage. » (Louis Pauwels)

« Une banque vous prête un parapluie quand il fait beau et vous le retire dès qu'il se met à pleuvoir. » (Jérome K. Jérome)

« Il y a des gens qui ont une bibliothèque comme les eunuques ont un harem. » (Victor Hugo)

« Ô Marie, qui avez été conçue sans péché, accordez-moi la grâce de pécher sans concevoir. » (Augustine Brohan)

« On ne s'ennuie pas quand on a des ennuis. » (Anatole France)

« Les paresseux ont toujours envie de faire quelque chose. » (Vauvenargues)

« La pauvreté est un luxe inaccessible sauf pour les plus riches. » (Jean-Edern Hallier)

« Avoir toujours raison, c'est un grand tort. » (Turgot)

« Le moi est haïssable. Mais c'est tout ce que j'ai. » (Philippe Bouvard)

« Si je n'avais pas été là, je me serais fort ennuyé. » (Alexandre Dumas)

« Il était considéré comme un *has been* sans avoir jamais rien été. C'était sa seule réussite. » (Yvan Audouard)

15

QUELQUES CAS PARTICULIERS

Sans abandonner la ligne générale de la phrase spirituelle qui casse un peu les règles en renouvelant nos façons de voir, soit par le paradoxe, par l'évidence oubliée, soit par le contraste, on peut faire une place à part à quelques applications de ce thème général dans des domaines particuliers.

C'est le cas notamment de la politique. On pourrait puiser largement dans la presse, surtout les journaux satiriques. Comme on l'a déjà signalé à un autre propos, les mots couronnés ou même simplement retenus par le jury du prix de l'Humour politique permettraient une belle récolte. On se bornera ici à quelques exemples qui ne visent pas une personne en particulier, mais qui concernent plutôt les mœurs politiques dans leur généralité.

« La liberté est un mot qui a fait le tour du monde et qui n'en est pas revenu. » (Henri Janson)

« La liberté jamais ne mourut au fond des prisons. » (Maurice Druon)

« L'Angleterre et l'Amérique sont deux pays séparés par la même langue. » (Bernard Shaw)

« Il ne faut pas être plus royaliste que le roi. » (Chateaubriand)

« On peut tout faire avec des baïonnettes sauf s'asseoir dessus. » (Napoléon Ier)

« On ne dure en France que dans l'opposition, et le seul moyen d'échapper au changement, c'est de le réclamer tous les jours. » (André Frossard)

« Gouverner, c'est mécontenter. » (Anatole France)

« À gouverner les hommes de trop haut, on perd l'habitude de les regarder. » (Maurice Druon)

« Savoir distinguer la servilité de l'obéissance est un des rudiments de l'art de gouverner. » (Maurice Druon)

« Un vice-président, ce serait ma veuve. » (Charles de Gaulle)

« L'autorité ne va pas sans prestige, ni le prestige sans éloignement. » (Charles de Gaulle)

« Le caractère, vertu des temps difficiles. » (Charles de Gaulle)

« Il y a deux catégories de Français : ceux qui disent "il y a deux catégories de Français" et les autres. » (Charles de Gaulle)

« En France, l'argent est un vilain péché. C'est pourquoi de plus en plus de Français vont se confesser en Suisse. » (Jacques Mailhot[1])

« Travailleurs = version progressiste de "mes bien chers frères". » (Jacques Mailhot)

1. Cf. Jacques Mailhot, *La Politique d'en rire*, *op. cit.*

« Du moment que le pouvoir est contesté, il est forcément consenti. » (Maurice Druon)

« L'intérêt essentiel pour un homme politique de voyager incognito, c'est de le faire savoir. » (Jacques Mailhot)

« Pour la succession des entreprises familiales, les patrons se partagent en deux catégories : ceux qui croient que le génie est héréditaire et ceux qui n'ont pas d'enfants. » Cette réflexion d'Yvon Gattaz pourrait s'appliquer à quelques dynasties d'élus en politique.

« En démocratie, vous dites ce que vous voulez, mais vous faites ce qu'on vous dit de faire. » (Francis Jeanson)

« La politique consiste à empêcher les citoyens de s'occuper de ce qui les regarde. » (Paul Valéry)

On aborde ici un genre plus sérieux, qui ne peut côtoyer le comique et le risible que par procuration, ou, comme l'on dit plutôt, au second degré.

Il en est de même pour d'autres mots que l'on peut considérer comme spirituels même s'ils peuvent être classés dans le rayon de la morale, de la moralité ou de l'éthique. Il est naturel que l'on ouvre ce paragraphe avec deux citations de celui dont les maximes sont toujours le grand classique du genre :

« Il est plus honteux de se défier de ses amis que d'en être trompé. » (La Rochefoucauld)

« Nous avons tous assez de force pour supporter les maux d'autrui. » (La Rochefoucauld)

On trouverait sur ces thèmes, une autre mine de citations dans l'œuvre de Rivarol, qui mériterait autant que celle de La Rochefoucauld d'occuper ici une très grande place. Mais il a été cité à d'autres propos et un seul exemple trouvera place ici :

« C'est un terrible avantage de n'avoir rien fait. Mais il ne faut pas en abuser. » (Rivarol)

On pourrait reprendre les mêmes remarques à propos de Chamfort, dont voici trois maximes :

« La générosité n'est que la pitié des âmes nobles. »

« Il y a deux choses auxquelles il faut se faire, sous peine de trouver la vie insupportable. Ce sont les injustices du temps et les injustices des hommes. »

« Dans les discussions, les injures sont les raisons de ceux qui ont tort. »

Et voici quelques réflexions d'autres auteurs qui modifient ou accentuent notre façon de voir les choses et les hommes.

« L'expérience fait plus de dupes que l'habileté. » (Vauvenargues)

« C'est toujours nos bons sentiments qui nous font faire de vilaines choses. » (Jean Anouilh)

« Nos bonnes actions sont souvent plus troubles que nos péchés. » (Marcel Aymé)

« Si vous êtes un jour traité de parvenu, c'est parce que vous serez arrivé. » (Sacha Guitry)

« Un intellectuel est un type qui est rassuré quand il n'est pas compris. » (Pierre Perret)

« Il est singulier que le mot amour ne soit du féminin qu'au pluriel. » (Albert Willemetz)

« Les angoisses métaphysiques sont une grande ressource pour les ratés. » (Jean Dutourd)

« L'amour, c'est quand l'envie vous prend qu'on ait envie de vous. » (Toulouse-Lautrec)

« On n'est jamais si éloquent sur la paix que lorsqu'on vient de gagner une guerre. » (Jean Dutourd)

« Pour ne pas être rattrapé par l'inquiétude, il n'est que de se rendre inséparable d'elle. » (Maurice Schumann)

« Ce que nous aimons dans nos amis, c'est le cas qu'ils font de nous. » (Tristan Bernard)

« Le sel de la vie, c'est ce qui contraint à des efforts. » (Jean Dutourd)

« Les fidélités ne s'obtiennent pas sans bienfaits. » (Maurice Druon)

« Le difficile en ce monde, pour la plupart, ce n'est pas d'avoir une vocation, c'est de n'en avoir qu'une. » (Jean Guitton)

On peut encore classer à part les réflexions piquantes sur le monde actuel, sur nos façons de vivre, dont voici quelques exemples :

« On ne voyage pas pour voyager mais pour avoir voyagé. » (Alphonse Karr)

« Il y a des gens qui parlent jusqu'à ce qu'ils aient trouvé quelque chose à dire. » (Sacha Guitry)

« L'opinion est la reine du monde, parce que la sottise est la reine des sots. » (Chamfort)

« Un livre qu'on soutient est un livre qui tombe. » (Rivarol). Plus tard cette pensée fut pastichée par un homme politique (un gouvernement que l'on soutient est un gouvernement qui tombe[1]).

« Les hommes mettent dans leurs voitures autant d'amour-propre que d'essence. »

« Dans le monde actuel, la voix qui se fait le mieux entendre est celle qui parle bas. » (Jacques de Bourbon-Busset)

1. Cf. *supra*, p. 39.

« Nous vivons dans un monde où l'échec des autres devient plus important que notre propre réussite. » (Philippe Bouvard)

« Quand les riches se font la guerre, ce sont les pauvres qui meurent. » (Jean-Paul Sartre)

« L'histoire humaine est celle d'une course entre la puissance et la sagesse. » (Maurice Schumann)

On pourrait, d'autre part, répertorier dans un ensemble particulier des notations et remarques caractérisées par leur tonalité psychologique et dont voici quelques échantillons :

« Les femmes ne donnent à l'amitié que ce qu'elles dérobent à l'amour. » (Chamfort)

Un père de famille à un ami célibataire : « Vous dites que vous dormez comme un enfant. On voit que vous n'en avez jamais eu. »

« Il était d'autant plus fourbe qu'il ne l'était pas toujours. » (Pascal)

« C'est une grande habileté que de savoir cacher son habileté. » (La Rochefoucauld)

« Il y a dans la jalousie plus d'amour-propre que d'amour. » (La Rochefoucauld)

« Les souvenirs font travailler le cœur, comme la chaleur fait travailler le bois. » (R.P. Carré)

« Le spectacle insolent d'un couple qui se connaît à vingt ans, s'aime, se l'avoue, se le répète et meurt heureux, remplit d'aigreur la plupart des gens. » (Michel Déon)

« Pour être revenu de tout il faut aller dans bien des endroits. » (Alfred de Musset)

« Ce que nous prenons pour des passions, ce sont peut-être les résidus de nos échecs spirituels. » (Jean Guitton)

« Dire que quelque chose est intéressant, c'est avouer qu'on ne sait qu'en dire. » (J. de Bourbon-Busset)

« Le bonheur n'est pas le but, mais le moyen de la vie. » (Paul Claudel)

« La densité d'une présence ne s'accommode pas toujours du mutisme. » (R.P. Carré)

Dans ses dernières années, la célèbre actrice Sarah Bernhardt habitait un étage élevé sans ascenseur à Paris. Un admirateur lui demanda : « Pourquoi habitez-vous si haut ? — C'est, répondit-elle, le seul moyen qui me reste pour faire battre le cœur des hommes. »

Rangeons encore dans une catégorie à part les compliments spirituels que voici :

« Chacun de ses beaux yeux était un tel prodige que le plus grand prodige était qu'ils fussent deux. » (Tristan Bernard)

« Venez au jardin. Je voudrais que mes roses vous voient. » (Sheridan)

L'impératrice Marie-Thérèse à qui l'on présentait Maupertuis lui demanda si, comme on le disait, la sœur du roi de Prusse était vraiment la plus belle princesse du monde. Elle s'entendit répondre : « Madame, je l'avais cru jusqu'à ce moment. »

Voici un alexandrin du mathématicien La Condamine à propos de madame du Boccage, femme de lettres et très belle : « Tout votre esprit ne peut faire oublier vos charmes. »

Enfin, on ne saurait clore un chapitre sur les mots d'esprit sans revenir sur les jolies reparties qui ont été évoquées largement à d'autres propos, et dont voici deux autres exemples pour conclure :

Une dame demandait à Guy des Cars s'il était payé à la ligne : « Oui, répondit-il, mais pour une seule ligne, celle de ma signature. »

On peut trouver de l'esprit dans une certaine façon de préciser le vocabulaire, comme dans cette réflexion : « Dans le langage des jardiniers, les plantes crèvent, mais les roses meurent. »

Bref dialogue entre deux voyantes extralucides qui se rencontrent : « Tu vas bien — Merci. Et moi ? »

Après avoir jeté un regard sur différentes sortes de mots d'esprit, on peut se demander si l'on ne s'est pas, chemin faisant, fort éloigné de ce qu'on appelle généralement le comique. Que peut-on trouver de commun entre le gros calembour et les maximes de La Rochefoucauld, entre le jeu de mots et la sentence morale ?

Parmi les sens du mot comique proposés par les bons dictionnaires, on trouve toujours à côté de l'allusion à la comédie, la définition plus précise qui se résume en ces termes : « Est comique ce qui propose le rire. » En outre, le dictionnaire de Robert ajoute que le contraire du comique, c'est le sérieux. Voilà qui interdirait nettement de citer un grand nombre de sentences dites spirituelles à côté du calembour. Et pourtant, comme on a pu le voir, les transitions d'un de ces domaines à l'autre sont nombreuses, notamment par l'intermédiaire de l'humour, comme elles le sont aussi entre le rire, le sourire et un certain contentement qui fait à peine songer à l'esquisse d'un début de sourire.

16

DU RIRE AU SOURIRE ET EN DEÇÀ

De même que pour tenter de comprendre le sens et la finalité des phrases plaisantes, il pouvait paraître convenable de commencer par s'intéresser aux grosses ficelles du calembour avant de s'aventurer dans le monde incertain du trait d'esprit, de même la logique veut qu'on prête l'oreille aux éclats sonores du rire quand on cherche à interpréter les réactions que suscitent les propos comiques et, si l'on peut se permettre ce néologisme, para-comiques.

Il est vrai que le rire est lui-même un univers complexe et varié. Il suffit, pour s'en convaincre, d'évoquer le rire gras, le rire forcé, le rire poli, le rire démoniaque, sarcastique, le rire enfantin, le rire sur commande, le rire bête, le rire franc, le rire à gorge déployée, le rire contagieux, etc.

On ne saurait aborder cette question sans citer comme en exergue l'avis que donnait Rabelais, au XVIe siècle, pour les lecteurs de son *Gargantua,* avec cette phrase célèbre :

« Mieux vaut de ris que de larmes écrire, pour ce que rire est le propre de l'homme. »

Cette affirmation a pu être parfois discutée. On a prétendu que les gloussements des singes et même les cris de certains oiseaux pouvaient faire mettre en doute cette exclusivité. Mais en réalité, selon les meilleurs spécialistes, il n'y a rien là qui vraiment ressemble au rire. C'est peut-être avec le rictus observé chez les macaques des Célèbes que l'on trouverait une certaine analogie, mais elle est cependant assez faible[1].

Du point de vue physiologique, il n'y a guère entre le rire et le sourire que des différences de degrés. Dans les deux cas, il s'agit d'un mécanisme qui met en jeu la bouche, les joues, le nez, les yeux, le front. Les muscles particulièrement concernés sont le buccinateur agissant sur la commissure des lèvres, l'élévateur du nez et de la lèvre supérieure, le petit zygomatique et le risorius de Santorini. Le rôle principal est joué par le grand zygomatique reliant la pommette à la commissure des lèvres. L'intervention du buccinateur confère à la physionomie une nuance ironique et le frontal celle de l'étonnement. Le petit zygomatique donne à l'ensemble une allure équivoque ou sardonique. Le rire, en mobilisant plus fortement ces muscles se distingue du sourire surtout par des effets vocaux dus à des contractions spasmodiques du diaphragme et de la glotte. Si l'excitation s'étend jusqu'à la moelle épinière, les convulsions peuvent intéresser tout le corps. C'est ce qui se passe lorsqu'on se tord de rire. En ce qui concerne le cerveau, il semble que la région du thalamus soit le siège

1. J. Berlioz, in *Le rire, phénomène humain, op. cit.*, p. 12.

principal de la coordination de tous ces mouvements. Il est remarquable que le chatouillement, par exemple celui de la plante des pieds, déclenche les mêmes phénomènes que tel ou tel signal intellectuel suscité par un message comique.

D'autre part, certaines substances telles que le protoxyde d'azote (N 20), appelé gaz hilarant, provoquent des effets physiques très semblables au rire.

Depuis les études de Jones en 1926, on sait que le nouveau-né commence à sourire vers le troisième mois, les plus doués y parvenant dès le quarante-cinquième jour. Mais le rire, caractérisé par la vocalisation, est nettement plus tardif. On a pu établir que ces manifestations du plaisir sont innées chez le nourrisson et n'ont pas besoin d'être apprises.

Georges Dumas[1] dans une étude demeurée classique, après avoir réfuté quelques interprétations trop systématiques, comme celles de Darwin et de Wundt, note que, dans le mécanisme du sourire, il faut tenir compte d'une part des muscles qu'on vient de citer et qui se contractent, d'autre part de ceux qui, au contraire, s'opposent à ce mouvement et se comportent en antagonistes. C'est le cas du muscle canin qui attire vers le haut et le bas les commissures des lèvres, en opposition avec les zygomatiques. Ainsi, un sourire épanoui partage « en deux camps » les muscles de la face.

Tout s'explique, en définitive, par le fait qu'une excitation légère mobilise les muscles formant une sorte de synthèse naturelle, tandis que les autres se neutralisent réci-

1. G. Dumas, *Le Sourire,* P.U.F., 1948, p. 17 *sq.*

proquement. Le sourire est tout simplement la réaction la plus facile, mais cette réaction n'en est pas moins assez compliquée, car elle doit tenir compte de l'équilibre des muscles dans le sens de la moindre résistance. Le rire, en accentuant les excitations et en mettant en jeu des muscles plus forts, réalise un équilibre un peu différent. Toutes les expériences montrent que le rire et le sourire sont, tout au moins sous leur forme spontanée, des réflexes, tout comme l'éternuement et les pleurs. Mais on peut aussi les provoquer artificiellement et volontairement, pour ainsi dire sur commande, ce qui est d'ailleurs plus facile pour le sourire que pour le rire, et ce qui est beaucoup plus difficile pour les larmes. Les comédiens le savent bien. On peut aussi dans une certaine mesure se retenir de rire.

Il est vrai que les muscles ainsi mobilisés existent chez certains animaux, ce qui pourrait relativiser l'affirmation de Rabelais. En effet, on trouve des filets zygomatiques chez des rongeurs, le buccinateur chez l'écureuil et le mulot. De plus, les primates, en particulier les singes, sont doués d'une musculature faciale assez semblable à la nôtre, bien que leurs jeux de physionomie n'aient que des rapports lointains avec notre façon d'exprimer la joie que nous procure le comique ainsi qu'on vient de le signaler.

Enfin, il ne faut pas oublier que les muscles en question ont d'autres fonctions que celles du rire et du sourire, car ils servent surtout à faciliter l'exercice de nos sens dans la vision, le goût, l'olfaction et sont aussi mobilisés dans la mastication. Comme l'écrit Georges Dumas, « c'est donc en les détournant de leurs fonctions primitives que nous avons dressé nos muscles à l'expression volontaire des sentiments », et il s'agit là « d'un réflexe de décharge »

Le rire est, en résumé, une extension, un débordement du sourire. Il est plus souvent que le sourire un acte réflexe plutôt qu'un acte volontaire. La physiologie du rire est difficile à embrasser dans son ensemble. Comme l'écrit Charles Lalo[1], « le rire n'est pas seulement une détente, mais un complexe d'excitation et de séduction ».

Les convulsions qui agitent l'organisme du rieur n'ont rien de spécifique et ne font pas appel à une fonction unique des organes. L'accélération du rythme cardiaque, l'irrégularité des mouvements respiratoires et l'accroissement du métabolisme général qu'on observe en cette circonstance peuvent survenir pour d'autres causes. Le rire est donc, du point de vue physiologique, une activité de luxe qui est en même temps banale[2].

Le rire, on l'a dit, apparaît plus tard que le sourire dans l'évolution de l'enfant. Mais, dès qu'il est acquis, il est plus stéréotypé et plus mécanique. Les manifestations qui accompagnent dans le corps les inspirations et les contractions déterminent souvent un relâchement musculaire qui peut, plus rarement fort heureusement, s'étendre jusqu'aux sphincters.

Le rire n'est pas seulement une extension du sourire. Il est cela plus autre chose. Du point de vue psychologique, cette différence n'est pas sans conséquence. On pourrait même classer les tempéraments individuels selon qu'ils sont plus ou moins inclinés vers l'une ou l'autre de ces manifestations joyeuses. Certaines personnes sont natu-

1. Ch. Lalo, *Esthétique du rire*, Flammarion, 1949, p. 59.
2. *Le rire, phénomène humain*, Flammarion, 1959, p. 61 (A.-M. Monnier) et p. 63 (A. Soulac).

rellement renfrognées. D'autres, à l'inverse, ont du mal à modérer leur hilarité et sont sujettes au fou rire. En outre, l'éducation et le milieu social jouent un grand rôle dans ces orientations. Par exemple, dans la haute société un peu guindée il n'est pas recommandé de rire aux éclats. Le sourire est plus raffiné.

Dans le Japon classique, le sourire était de rigueur en maintes circonstances. Il faudrait mettre à part le cas du rire purement rituel. Ainsi, en Phénicie, les parents riaient quand on sacrifiait leurs enfants.

Dans nos sociétés judéo-chrétiennes, on a parfois disserté pour savoir si la conduite rieuse était ou non compatible avec la pratique religieuse. Il va de soi que les fidèles ne doivent pas pouffer dans les églises, encore que certains ecclésiastiques ne détestent pas agrémenter leurs sermons de quelques plaisanteries, et seraient peut-être fâchés s'ils ne voyaient pas dans l'assistance quelques visages se dérider. On sait aussi que certaines personnes ont du mal à garder leur sérieux précisément dans des occasions où il est obligatoire. Le fou rire aux enterrements est par bonheur très rare, mais on en a signalé quelques cas. Il s'agit alors de tempéraments compliqués que la nature fait parfois agir à contretemps. De ces phénomènes exceptionnels, on ne saurait retenir aucune indication valable.

Sur l'attitude des autorités religieuses on peut se référer à un article d'Alain Peyrefitte qui résume bien le problème[1]. Il rappelle que l'historien Jacques Le Goff a bien établi la condamnation du rire par l'Église catholique. Cet anathème, précise-t-il, prenait pour argument le fait que

1. Alain Peyrefitte, « La terre tourne », *Le Figaro*.

dans l'Évangile on ne trouve pas la moindre allusion à une manifestation d'hilarité de la part du Christ. En outre, plusieurs Pères de l'Église ont explicitement dénoncé le caractère diabolique du rire. Au Moyen Âge, le clergé exigeait des fidèles une abstinence dans ce domaine pendant le carême et chaque vendredi. Rappelons aussi que Clément d'Alexandrie dans sa *Lettre à Origène* déclarait tout net que « rire et faire rire ne convient guère à un chrétien ». Cependant, ajoute Alain Peyrefitte, les grands scolastiques, tels que saint Albert le Grand et saint Thomas d'Aquin ont cru pouvoir établir une distinction entre le « rire immodéré », incompatible avec l'attitude religieuse, et le « rire modéré », plus acceptable en dehors des lieux de culte

Au XIXe siècle certains théologiens suggérèrent que rien ne prouvait que Jésus n'avait jamais ri, même si l'on n'y faisait aucune allusion dans les textes sacrés.

Chez les laïcs, les opinions furent partagées. Chamfort portait des jugements nuancés. « Le grand vicaire, écrivait il, peut sourire à un propos contre la religion, l'évêque rire tout à fait et le cardinal y joindre son mot. » La Fontaine, lui, estimait que le rire ne convient guère à un ecclésiastique, mais sied fort bien à un souverain. Dans sa fable intitulée *Le Milan, le Roi et le Chasseur,* il fait part, sur ce point, de ses doutes et de ses certitudes en ces termes :

Qu'un pape rie, en bonne foi
Je ne l'ose assurer ; mais je tiendrais un roi
Bien malheureux, s'il n'osait rire...

À ce dossier, on pourrait ajouter l'exhortation très chrétienne *Gaudete, iterum gaudete* — « Réjouissez-vous. » Cela n'exclut guère le rire. Il est vrai, cependant, que les *pleurs de joie* de Pascal n'avaient rien à voir avec le fait de pleurer de rire.

L'héritage du paganisme gréco-latin qui est toujours inclus dans nos civilisations judéo-chrétiennes ne porte pas nécessairement à la morosité.

Dans la fable déjà citée, La Fontaine, après avoir évoqué la réjouissance des rois, ajoutait :

> *C'est le plaisir des dieux. Malgré son noir souci,*
> *Jupiter et le peuple immortel rit aussi.*
> *Il en fit des éclats, à ce que dit l'histoire,*
> *Quand Vulcain, clopinant, lui vint donner à boire.*

Ce rire inextinguible des olympiens, qui voisine avec ce que nous appelons le rire homérique, est une sorte de consécration que les Anciens décernaient à la réaction spontanée qui traduit un aspect de la nature humaine. Elle ne saurait se réduire, comme le voulait un peu trop Bergson, à une sanction contre tel ou tel défaut ou manque de souplesse. Voltaire, dans son *Dictionnaire philosophique,* était bien de cet avis. « Comme nous ne pleurons que de ce qui nous afflige, écrivait-il, nous ne rions que de ce qui nous égaye. Les raisonneurs ont prétendu que ce rire naît de l'orgueil, qu'on se croit supérieur à celui dont on rit. Quiconque rit éprouve une joie dans ce moment-là, sans avoir un autre sentiment. »

Cependant, le rire que nous appelons sardonique a, lui aussi, une longue histoire. Il fait son apparition dans la littérature avec le douzième chant de l'*Odyssée* d'Homère. On en trouve ensuite mention chez de nombreux auteurs, notamment Lucien, au IIe siècle de notre ère. Le dictionnaire de Littré définit le rire « sardonien » ou sardonique comme un ris forcé, un ris à contrecœur, un rire moqueur et même méprisant exprimant une moquerie amère. Il pourrait même, parfois, être qualifié de satanique. Il doit son nom à une herbe, l'*Apium risus,* qui est une espèce de renoncule poussant en Sardaigne et appelée pour cette raison sardonia. Cette plante est censée provoquer une contraction du visage, un rictus qui ressemble à un rire. Assez curieusement, l'adjectif sardonique a fini par s'appliquer à un rire au contraire volontaire et même forcé, mais qui partage avec le rictus originel la particularité de n'être pas joyeux.

En définitive, et malgré ces exceptions qui sont peut-être des déviations, il y a un rapport naturel, quoique non universel, entre la gaieté et l'hilarité. Il suffit d'entendre les enfants d'une école pendant la récréation pour s'en convaincre.

De la même façon, les larmes sont naturellement liées à la tristesse, mais peuvent dans des cas particuliers avoir une autre origine. On a déjà rappelé les « pleurs de joie » de Pascal et l'on y peut ajouter le fait que parfois on pleure à force de rire.

L'hilarité peut aussi avoir une fonction presque morale. Au XVIIIe siècle, Henry Fielding portait sur ses propres œuvres ce jugement : « C'est en faisant rire que j'ai voulu guérir les hommes de leurs vices et de leurs travers favoris. »

Avant lui, une formule latine avait fait fortune pour donner ses lettres de noblesse à la comédie qui corrige les mœurs en faisant rire *(Castigat ridendo mores).* Il faut noter que cette déclaration exprimée dans la langue des anciens Romains fut inventée au XVIIe siècle par le poète Jean de Santeuil pour que l'acteur italien Biancolelli, dit Dominique, célèbre Arlequin, l'inscrivit sur le rideau de son théâtre.

Ainsi, les diverses nuances du rire n'introduisent pas nécessairement dans sa fonction ou sa signification des discordances et des contradictions. Elles s'étagent de la réaction purement physique et réflexe à l'expression élaborée, de la spontanéité à la recherche, de la franche gaieté à la manœuvre ironique. Dans tous les cas, on retrouve à l'origine soit la manifestation de la joie, soit la contrefaçon ou la parodie de celle-ci. Le rire jaune est un regret du rire satisfait. En résumé, toute théorie du rire et même du sourire qui ne fera pas état au moins d'une certaine parenté naturelle avec la joie de vivre aura manqué sa cible.

On pourrait établir une caractérologie en tenant compte des aptitudes à la bonne humeur et à ses expressions. Le bon vivant et l'extroverti ont, en général, le rire facile. L'hypocondriaque et l'introverti utilisent peu leurs zygomatiques.

Ce serait un tout autre problème, intéressant mais difficile, de savoir pourquoi tel individu est ou n'est pas rieur. Sans doute, s'agit-il là bien souvent de données congénitales, voire génétiques. Mais dans certains cas, les épreuves, les chagrins pourraient fournir des explications. Cependant, quelques personnes conservent une bonne humeur et une aptitude à l'hilarité en dépit d'une existence plutôt malheureuse, tandis que d'autres restent renfrognées alors qu'elles auraient des raisons d'être contentes de leur sort. Bien révélatrice est la fable *Le Savetier et le Financier,* l'une des plus instructives dans l'œuvre de La Fontaine, où, pour une fois, la morale de l'histoire n'est pas donnée par des animaux, peut-être parce qu'il s'agit là d'un paradoxe trop humain.

Le problème ici soulevé n'appartient pas seulement à la psychologie. L'histoire du savetier devenu mélancolique parce qu'il a pris la place du riche bourgeois montre bien que les manifestations de la joie et même l'aptitude à l'éprouver peuvent varier en fonction de circonstances qui sont plutôt d'ordre sociologique. Les attitudes à l'égard de la religion à cet égard en sont déjà une excellente démonstration. La civilisation païenne était plus rigolarde que le christianisme.

Dans les sociétés modernes, les éclats de rire ne sont pas partout convenables. Dans un salon, ils peuvent paraître déplacés. Au contraire, ils sont les bienvenus dans un théâtre où l'on joue une pièce à prétention comique. Ils le sont aussi dans certains banquets. C'est, pourrait-on dire, une question d'ambiance. Le rire peut avoir un caractère convivial, d'autant plus qu'il est contagieux. On rit difficilement quand on est seul, sauf lorsqu'on lit un texte drôle, ou bien devant un écran de télévision lorsque paraît un amuseur efficace. Mais, même dans ce dernier cas, il n'est peut-être pas inutile que le spectateur isolé soit stimulé en entendant des éclats déclenchés, en principe, par celui qui se montre sur le petit écran. C'est pourquoi, dans de telles émissions comiques, le réalisateur croit bon de ponctuer les passages drôles ou prétendus tels par des éclats de rire enregistrés à l'avance. Il arrive d'ailleurs que l'on abuse de ce procédé et qu'il devienne agaçant. Mais, en général, le caractère contagieux de l'hilarité semble assez bien établi. Cela est particulièrement vrai pour le rire débridé, pour le fou rire. Il est la démonstration que derrière ces mouvements des muscles, il y a une décharge nerveuse. Ainsi que le dit Michiels, « après les spasmes de l'amour, le fou rire est la plus violente des émotions agréables[1] ».

Mais l'effet de contagion peut dépasser celui de la complaisance ou de la simple adaptation à une situation sociale. Un homme qui s'esclaffe est comme le symbole de la joie de vivre. Il est pour ainsi dire la preuve que le rire est possible et permis. La contagion est ici la démonstration du caractère presque ontologique de cette décharge nerveuse. La communion des rieurs dans ce déchaînement est une porte ouverte sur un au-delà des comportements purement sociaux. Tout comme la joie de vivre elle-même.

Certains rires, il est vrai, sont plus communicatifs que d'autres. Il y aurait d'ailleurs une autre typologie à faire dans ce domaine qui en comporterait beaucoup. Ce serait celle des modulations, des sonorités. Encore faudrait-il faire la part, dans cette musique, de ce qui tient à la nature de chacun et de ce qui vient de l'éducation ou de l'autodiscipline. La spontanéité s'efface très vite derrière les usages et le sens de ce qui est convenable. Le rire des petits enfants est clair, un peu aigu. Il peut devenir ensuite excessif, parfois même franchement désagréable pendant la période que l'on nomme, à tort ou à raison, « l'âge bête ». Puis la plupart des individus parviennent très vite à corriger ce défaut et acquièrent un rire contrôlé qui sonne bien aux oreilles.

1. Cité par Lucien Fabre, in *Le Rire et les Rieurs,* Gallimard, 1929.

On devrait peut-être créer dans les écoles des cours pour une bonne expression des sentiments, notamment de la gaieté.

Le rire et le sourire sont, comme la plupart des mimiques, des sortes de langages qui sont naturels, mais qui s'apprennent en partie. Cependant, comme l'ont montré les premiers chapitres de ce livre, ils entretiennent avec le langage proprement dit des rapports complexes.

Allant encore plus loin, Lucien Fabre insiste sur une antinomie dans les buts. « Le langage, écrit-il, est un système servant à exprimer et à communiquer des états de conscience et en particulier des idées. Le langage sera risible... dès qu'il ne remplira pas sa véritable fin[1]. »

Mais une sociologie du rire n'aurait pas seulement à s'occuper de ses différentes tonalités, de ses formes, de ses usages. Elle devrait surtout tenter de répondre à la question : de quoi rit-on, qu'est-ce qui est comique ou spirituel dans tel ou tel milieu ?

On connaît l'histoire classique du prédicateur qui aimait émailler ses sermons de quelque plaisanterie et se plaisait à lire quelques sourires discrets, certes, mais visibles sur les lèvres de ses paroissiens. Or un jour il remarqua dans son public habituel un homme qui restait de marbre en entendant un joli trait d'esprit. Cela lui parut tellement surprenant qu'à la fin de l'office, il lui fit demander par un ami pourquoi il n'appréciait pas les traits d'esprit de l'orateur. « Je ne suis pas de la paroisse », répondit-il.

Sans doute cette anecdote, probablement inventée mais significative, exagère-t-elle le rapport entre le milieu

1. L. Fabre, *ibid.*, p. 250.

social et l'appréciation de ce qui est spirituel ou comique. En outre, la paroisse n'est pas le cadre de référence le plus déterminant en la matière. C'est plutôt par rapport aux nationalités, aux ethnies, aux cultures, aux civilisations et diverses catégories socioculturelles qu'une sociologie du rire pourrait être établie.

On ne trouvera sans doute sur la terre aucun peuple qui ne goûte et ne pratique d'une façon ou d'une autre les plaisanteries orales. Celles qui sont appréciées dans un pays ne le sont pas nécessairement dans un autre. Il y a, dans ce domaine, des traditions et même des modes qui créent de réelles différences. Dans une même société globale, les intellectuels, les aristocrates, les snobs, les mondains n'ont pas les mêmes comportements que d'autres catégories de la population. En outre, d'une période à une autre, les attitudes varient. Ce qui nous amuse est différent de ce qui faisait rire nos ancêtres, tout au moins en partie. Les auteurs et les acteurs comiques savent que les caractéristiques de leurs clientèles varient en fonction de certains critères. Là où les uns voient de la vulgarité, d'autres applaudissent sans réticence.

On eut la preuve de ces discordances dans le cadre d'une émission de télévision qui, en 1976-1977 remporta un très grand succès d'audience en France sur les écrans de la chaîne TF1. Elle avait pour titre « Alors, raconte » et faisait défiler devant les caméras des humoristes, des amuseurs professionnels et aussi des écrivains, des personnalités connues qui venaient raconter des « histoires drôles », ou bien rappeler et citer des mots d'esprit qui leur avaient plu.

C'est dire que le niveau intellectuel de cette émission pouvait varier d'une minute à l'autre, passant de la grosse astuce, du pur calembour à la saillie très spirituelle et à l'humour classique. De ce point de vue, elle convenait à des publics variés, tout en prenant le risque de déplaire à une partie de son auditoire à un instant ou à un autre.

Pour alimenter cette brochette quotidienne de mots pour rire ou sourire, et aussi pour réchauffer les rapports entre les animateurs et les téléspectateurs, les producteurs et les réalisateurs avaient eu l'idée de faire appel aux amateurs en leur demandant d'envoyer par la poste des suggestions, des histoires drôles, des bons mots. Le résultat de cette démarche dépassa toutes les prévisions. Le bureau de poste, débordé, dut renforcer ses services et TF1 dut recruter du personnel pour assurer le dépouillement de cet énorme courrier.

Dans la mesure où l'on pouvait identifier le milieu social, l'âge et le niveau culturel d'un assez grand nombre de correspondants, il fut évident que les genres de plaisanteries proposées variaient très nettement en fonction de ces critères. Les renseignements ainsi obtenus confirmaient les résultats d'une enquête sociologique réalisée sous la direction de David Victoroff sur les attitudes à l'égard de ce qu'il nommait l'humour et qu'il serait plus exact d'appeler le comique. Les sondages effectués dans le cadre de cette enquête[1] montraient que les militaires préfèrent à 72 % le comique licencieux, les instituteurs l'humour loufoque (à 58 %), les étudiants la parodie (à 53 %). Dans l'ensemble des personnes interrogées, toutes catégories confondues, c'est l'humour loufoque qui l'emportait.

1. D. Victoroff, *Impact,* in *Science et société,* vol. XIX, 1969, n° 3.

D'autres enquêtes plus récentes confirment la prééminence de ce type de comique, principalement chez les jeunes. Les plaisanteries de Pierre Dac ne sont pas démodées[1]. Enfin, on peut constater que dans les groupes d'adolescents, le comique licencieux et même scatologique déchaîne aisément les rires, et que la dérision a beaucoup de succès.

L'anthropologie démontre mieux encore que la psychologie sociale combien les habitudes collectives, les traditions, les cultures peuvent orienter les manifestations du comique oral. Dans les sociétés qu'on appelle primitives ou archaïques, le rire est en relation étroite avec les structures du groupe, avec sa vie profane et religieuse. On a signalé déjà les « parentés à plaisanterie » qui sont de règle en Afrique noire. Marcel Mauss a consacré à ce sujet des études remarquables. Marcel Griaule, à ce même propos, préfère employer l'expression de « parenté cathartique » parce que le rire, dans ces relations parentales complexes, joue un rôle purificatoire. L'ironie, la moquerie permettent dans ce contexte de décharger une agressivité latente. Par exemple, chez les Dogons à l'intérieur d'une même famille, les échanges de plaisanteries plus ou moins acides et ironiques sont pour ainsi dire obligatoires et rituelles entre le grand-père et le petit-fils, entre le beau-frère et la belle-sœur...

On observe aussi des attitudes de ce genre entre tribus voisines. De quel genre de moqueries s'agit-il ? Elles sont variées. Par exemple, les Bozos se gaussent de la manière

1. Jacques Pessis en fit la démonstration en portant au théâtre une pièce sur Pierre Dac qui connut un très grand succès.

dont leurs voisins les Dogons se nourrissent et réciproquement, ou bien ils se renvoient des allusions à leur manque de propreté. En réalité, selon Mme Dieterlen[1], la parenté à plaisanterie, dans ces tribus du Soudan, se traduit par des échanges verbaux qui sont censés réaliser entre les partenaires une circulation de la force vitale appelée *nyama.* En pénétrant par l'oreille de celui à qui elle s'adresse, la plaisanterie renforce son *nyama.* Selon Marcel Griaule, « la force *nyama* est encore plus satisfaite des plaisanteries que de la flatterie[2] ».

Chez les Indiens d'Amérique, le comique est très directement associé à la mythologie. Par exemple, on retrouve dans beaucoup de leurs légendes un personnage que les ethnologues appellent le *trickster,* celui qui joue des tours aux autres, qui résout les problèmes en se moquant et met les rieurs de son côté. Il est personnifié tantôt par le coyote, tantôt par le vison, tantôt par le corbeau. Le rôle de cet être mi-humain mi-animal est assez comparable à celui de Goupil, le renard, dans les contes du Moyen Âge et dans nos traditions populaires[3]. Les aventures de ce dieu « décepteur » font rire le bon peuple dans plusieurs tribus.

Dans d'autres régions du Nouveau Monde, surtout chez les Indiens Pueblos, les cérémonies rituelles sont égayées par la présence de quelques membres de la tribu, habillés

1. G. Dieterlen, in *Le Rire, op. cit.,* p. 17 *sq.*
2. M. Griaule, « L'alliance cathartique », in *Africa,* octobre 1948, p. 253.
3. Claude Lévi-Strauss traduit le mot *trickster* par « décepteur », cf. *Anthropologie structurale II,* Plon, 1973.

en conséquence et revêtus de masques qui incarnent un groupe de divinités jouant le rôle de clowns[1].

Ailleurs, chez les Navajos, c'est le dieu de l'eau, Tonenili, vêtu de façon grotesque et jouant avec une vieille peau de renard qui se comporte comme un clown et ne craint pas de tourner en dérision ceux qui personnifient les autres dieux. On rit de ses facéties et on lui jette de l'eau pour l'encourager à aller plus loin dans les pitreries.

Ainsi, l'art de faire rire est chez bien des populations dites primitives lié originellement à la religion[2], de même que la comédie a pris naissance, dans la Grèce antique, au cours de cérémonies en l'honneur d'un dieu. Aristophane, le père du théâtre comique, a réjoui les Athéniens dans le cadre d'une fête rituelle.

Quelle que soit, comme on vient de le voir, l'attitude des grandes religions modernes, notamment le christianisme et l'islam, à l'égard du rire, on notera qu'au Moyen Âge la « Fête des fous[3] », qui était un peu l'héritière des saturnales romaines, était l'occasion de réjouissances au cours desquelles on violait toutes les règles usuelles. En particulier on y voyait des prêtres et des bourgeois ridiculiser la liturgie. Cela faisait rire les foules.

Quant au carnaval, il a parfois conservé son caractère originel de licence, de période où tout est permis.

Plus généralement, la fête est un déchaînement joyeux qui se moque des règles. En ce sens, elle rejoint dans son

1. Ce sont les Koyemshis dont on a déjà parlé, cf. *supra,* p. 113.
2. Cf. J. Cazeneuve, *Les Indiens zuñis,* Le Rocher, 1993, pp. 74 *sq.* et 168 *sq.* et *Les Hasards d'une vie,* Buchet/Chastel, 1989, p. 120 *sq.*
3. Harvey Cox, *La Fête des fous,* Le Seuil, 1971.

principe ce qui caractérise le comique. C'est une façon de jouer, de faire semblant, de se libérer des contraintes habituelles, pendant une durée bien déterminée. La transgression en est le moteur essentiel. On troque, pour un moment, la sécurité contre l'inconditionnel. Dans les siècles reculés, tout cela conduisait même à des orgies. Claude Lévi-Strauss définit la fête comme « un désir de désordre ou plutôt de contrordre[1] ». Selon lui elle joue la vie sociale à l'envers.

De nos jours, lorsqu'on fait la fête, on peut revêtir des masques, s'envoyer des confettis, boire du champagne pour mieux oublier les contraintes, la bienséance dont on fait mine de s'affranchir. Le rire est alors, sinon obligatoire, en tout cas bienvenu. Ainsi, la parenté entre le comique et le besoin de jouer le déchaînement est presque évidente[2].

Le sourire ne s'accommode pas très bien de tels excès. Il marque une certaine réserve, une façon de n'être pas vraiment impliqué dans ce processus de « contrordre ». Certes, dans la vie de l'homme, à partir de la naissance, il précède, comme on l'a déjà dit, le rire proprement dit. Mais c'est là une affaire de muscles plus ou moins formés, et surtout cela concerne les toutes premières années, puisque les enfants d'âge scolaire laissent plutôt éclater leurs rires sonores. C'est ensuite que l'éducation, la « bonne éducation » impose une discipline qui donne volontiers la priorité au sourire sur le rire. On ne doit surtout pas rire des

1. C. Lévi-Strauss, *Les Structures élémentaires de la parenté,* P.U.F., 1949, p. 610.
2. J. Cazeneuve, *Aimer la vie,* Le Centurion, 1977, *passim.*

plaisanteries que l'on fait soi-même et le sourire n'est alors acceptable que s'il est à peine visible. Comment doit-on se comporter en face des facéties d'autrui ? Dans un salon guindé, seul le sourire de politesse est convenable, on l'a déjà rappelé, mais il ne doit pas paraître de politesse. Cependant, on fera plus de plaisir à celui qui lance un bon mot en violant la règle de la discrétion pour rire sans trop de bruit.

En résumé, les relations sociales impliquent une certaine maîtrise des zygomatiques, un sens des nuances dans leur utilisation. Mais tout n'est pas toujours volontaire en ce domaine. Intervient aussi dans la façon de jouer sur ce clavier l'appréciation que l'on fait spontanément des plaisanteries. Les goûts varient en fonction des tempéraments, des modes et des âges.

Cependant on peut se demander si le mot d'esprit est toujours propre à susciter même le plus petit sourire. Il peut en effet être vraiment spirituel tout en étant sérieux. Parmi les exemples cités dans un précédent chapitre, on trouverait des bons mots qui ne donnent à personne l'envie de modifier les traits de son visage.

Les raisons que nous pouvons avoir de manifester notre satisfaction constituent un très large éventail dans lequel chacun fait son choix selon sa nature et son éducation. Mais la référence est toujours le plaisir ou la joie qu'on éprouve à s'évader sans risque de toutes les routines et de ce qui s'impose à nous. On comprend que la religion ait pu se méfier du gros rire qui nous éloigne trop de notre condition humaine. Mais nous pouvons apprécier les jeux de l'esprit sans oublier notre raison d'être. La Sainte Écriture en convient en ces termes : « L'insensé donne de la voix quand il rit. C'est à peine tout bas que rit l'homme sage » (Ecclésiastique XXI, 20 – Maredsons).

Ainsi, en allant même un peu en deçà du clair sourire, on peut rester sur la ligne qui va du calembour au mot d'esprit. On y récolte le sel de la terre, et la fausseté s'y trouve plus souvent démasquée que dissimulée. « Ma façon de plaisanter, disait très justement l'humoriste Bernard Shaw, est de dire la vérité. C'est la meilleure plaisanterie du monde. »

17

PHILOSOPHIE DE LA BONNE HUMEUR

Le rire sonore, le sourire éclatant, le sourire intériorisé, avec toutes leurs facettes variées, s'inscrivent dans un même décor coloré en rose.

Si les principes énoncés au début de ce livre ont été confirmés, comme on l'espère bien, par les chapitres précédents et par les exemples qui les ont illustrés, on peut considérer comme acquis deux éléments de théorie et d'explication.

Premièrement, Bergson a eu bien raison de chercher la clef du comique dans les rapports entre d'une part la rigidité, le déterminisme, les mécanismes tout faits et d'autre part un idéal de souplesse, de liberté, d'imprévisibilité.

Mais, deuxièmement, sa théorie tend à faire du comique un reflet de la tristesse, une défaite de la liberté, puisqu'il la résume en disant : « Ce qui fait rire, c'est le mécanique plaqué sur du vivant[1]. »

1. C'est une critique analogue qui est présentée par Jean Fourastié, in *Le Rire, suite,* Robert Laffont, 1984.

On serait plus bergsonien que Bergson en faisant du comique, toujours allié à la joie de vivre, une victoire simulée de la spontanéité sur la routine, à défaut d'une victoire réelle trop dangereuse. Ne pouvant réaliser vraiment sa libération, l'homme se contente de la jouer, et il en rit ou en sourit, comme d'une sorte de pied de nez à tout ce qui est ennuyeux à force d'être attendu, irrévocable.

La théorie freudienne, dont il a été déjà question, a pris son essor dans une réflexion sur le mot d'esprit. Il ne faut point s'en étonner car la psychanalyse est par nature vouée à s'intéresser au langage, comme d'ailleurs à tous les modes d'expression. Lacan a bien mis l'accent sur cette parenté entre les mots et l'exploration de l'inconscient, d'une manière qui, en outre, rejoint les affirmations du structuralisme.

Si l'on voulait réduire à sa plus simple expression la doctrine freudienne dans son ensemble on pourrait l'énoncer de la manière suivante.

Un instinct de vie, contrepartie d'un instinct de mort ou d'une force d'inertie, anime les êtres vivants.

Chez les vertébrés sexués, notamment chez l'homme, cette force un peu aveugle, qui pousse l'être à affirmer et protéger sa vitalité, s'appelle la *libido*. Elle se manifeste de plusieurs façons, en particulier sous la forme d'instinct sexuel et de tendance agressive. D'autres auteurs, notamment Schopenhauer, l'ont identifiée aussi et appelée vouloir-vivre. Mais la vie en société n'est possible que dans la mesure où la poussée de la libido est contenue, maîtrisée. La civilisation ne subsiste qu'au prix d'une certaine discipline, voire même d'une répression exercée sur les pulsions sexuelles et agressives. C'est ce qu'on appelle le refoulement. Il est intériorisé et mis en œuvre par une instance psychique appelée censure ou surmoi, encore que ces deux termes n'aient pas exactement le même sens. Une partie des tendances, des sentiments, des désirs, des volontés naturelles ainsi contrariées et refoulées ne parvient pas à la conscience et continue d'exister dans l'inconscient. Celui-ci pourrait presque être comparé à une bouilloire dont le couvercle est maintenu en partie fermé, la vapeur étant ainsi comprimée et prête à s'échapper par la moindre fissure.

Or, il existe en effet pour la libido et les désirs refoulés plusieurs issues possibles. La plus simple se trouve évidemment dans le passage à la conscience claire et le passage à l'action, dans la mesure où la censure interne le permet. Une autre issue est fournie par la névrose que le psychanalyste se propose de guérir en aidant à la prise de conscience. Un troisième moyen, c'est le rêve, grâce auquel les désirs refoulés s'expriment sous des déguisements, dans des fantaisies que le psychanalyste doit savoir interpréter et déchiffrer pour déceler les complexes affectant son client dont l'inconscient a mal digéré les pulsions refoulées au point de les transformer en comportements névrotiques.

Un quatrième moyen réside dans les accomplissements par procuration *(vicarious fulfilment)* qui jouent un rôle important dans la vie sociale. C'est ainsi, par exemple, que l'agressivité d'un adolescent peut se défouler partiellement et de façon inoffensive s'il parvient à s'identifier par l'imagination à un héros brutal qu'il voit dans un film ou dont il lit les exploits dans un livre, dans une série policière.

Un cinquième exutoire, le plus noble, consiste à idéaliser les pulsions refoulées. C'est ce que Freud nomme la sublimation. Elle serait à l'origine des œuvres artistiques et littéraires.

Enfin, deux autres issues concernent d'une autre manière l'expression écrite ou orale. C'est ainsi que le lapsus est une sorte de défoulement involontaire. Plus exactement, les actes manqués, tels que les oublis, les bévues, les erreurs, sont le résultat de deux intentions différentes, l'une consciente et l'autre inconsciente qui est perturbatrice, qui a été à moitié refoulée et qui s'exprime dans l'acte manqué. En voici quelques exemples :

Le président, pour ouvrir la séance, la déclare « close », car il avait en réalité hâte d'en finir.

Un professeur dit : « En ce qui concerne l'organe génital de la femme, malgré de nombreuses tentations... » En vérité, il voulait parler des « tentatives » d'ordre médical.

Un dame déclare : « Le médecin a dit à mon mari qu'il pouvait manger ce que je voulais », dévoilant ainsi son autoritarisme caché.

Une fiancée oublia d'aller essayer sa robe de mariée. Peu après, elle divorçait.

Ainsi, l'acte manqué a très souvent un sens. Il révèle une tendance mal refoulée qu'on ne voulait pas avouer. Tous ces exemples présentés par Freud[1] pourraient être renforcés par beaucoup d'autres.

Mais le lapsus n'est pas le seul artifice de langage qui permette à la libido refoulée de franchir la barrière de la

1. S. Freud, *Introduction à la psychanalyse,* chapitres II, III et IV.

censure installée par l'éducation, les exigences de la vie sociale entre l'inconscient et la conscience. Il en existe d'autres qui sont volontaires. C'est le cas principalement pour le mot d'esprit. En effet, on peut dire sous forme spirituelle, c'est-à-dire travestie, ce qu'on n'oserait pas exprimer autrement.

À vrai dire, lorsqu'il aborde ce sujet, le fondateur de la psychanalyse se montre fort soucieux des nuances. Il commence par établir une distinction entre l'esprit et le comique. L'esprit apparaît souvent, dit-il, comme « l'aptitude à découvrir le semblable au sein du dissemblable[1] » et se ramène également à l'antithèse entre le sens et le non-sens. Le mot d'esprit ramasse en une formule ce qui paraissait dispersé ou contradictoire.

D'autre part, l'esprit ne dépend pas du fond, mais de la forme, pas de la pensée mais des termes qui l'expriment. Pour illustrer cette explication, Freud cite plusieurs exemples, tels que le mot de Heine déjà rappelé dans ce livre (« Il m'a traité de façon familionnaire »), ainsi que la formule bien connue : « Il a un bel avenir derrière lui » ; ou encore une façon très condensée de caricaturer l'avarice prétendue des Écossais : « Un taxi capote sur la route de Glasgow. Il y a douze morts. »

Or, la condensation de plusieurs choses ou pensées en une seule s'observe aussi dans les rêves. On devine ainsi qu'il peut y avoir des analogies entre le symbolisme onirique et les traits d'esprit, car ces deux types d'expression se rattachent à un même processus psychique.

1. S. Freud, *Le Mot d'esprit et ses rapports avec l'inconscient*, Gallimard, 1970, p. 14. Voir *supra* (chapitre 13) la définition de l'esprit selon Voltaire.

Le calembour, selon Freud, est un mauvais mot d'esprit, car il joue avec le mot lui-même, non pas en tant que porteur d'idée, mais comme simple son.

Freud, parmi les principes du mot d'esprit, met en évidence non seulement la concision et la condensation, mais aussi le déploiement d'idées, l'accentuation de la logique au point de la dévoyer, le sens perdu dans le non-sens. Cependant, les exemples qu'il cite à ce propos l'amènent à penser que la distinction entre l'esprit et le comique est moins nette qu'il ne l'avait laissé entendre dès le début.

Il énumère ensuite d'autres techniques se rattachant au même principe, par exemple l'unification par juxtaposition ou conjonction. Il en vient ensuite à ce qu'il nomme l'esprit tendancieux qui, contrairement à l'esprit inoffensif, concerne le fond plus que la forme. Ces phrases ou histoires tendancieuses sont celles qui facilitent directement le défoulement des tendances libidineuses agressives ou sexuelles. On range dans cette catégorie les mots hostiles (ce que certains appellent les « vacheries »), les mots grivois et les mots cyniques, à base de critique ou de blasphèmes. Il en a été question dans un chapitre précédent. Après avoir établi et développé sa distinction entre mots inoffensifs et mots tendancieux, Freud s'efforce de leur trouver une source commune. Il la découvre dans le plaisir qui est suscité de part et d'autre. Avec les mots spirituels, pense-t-il, on a affaire à un mécanisme général qui renvoie à une psychogenèse de l'esprit.

Le plaisir engendré par les mots d'esprit correspond à une « épargne de l'effort psychique », en ce sens qu'ils permettent, à peu de frais, de lever les obstacles, les inhibitions à un besoin d'expression. Le secret du plaisir, c'est l'économie d'un effort qu'imposerait autrement la répression habituelle qui s'exerce sur notre discours. On a vu, en effet, que le jeu de mot réalise, par divers procédés, une abréviation du trajet entre deux sens du même vocable. On retrouve ce même type de plaisir dans la tendance naturelle qu'ont les enfants à jouer avec les mots. Groos avait déjà noté que, lorsque l'enfant apprend sa langue maternelle, il se plaît à accoupler des mots entre eux sans se soucier de leur sens. Par la suite, ce plaisir de jouer librement avec le langage lui sera interdit, lorsqu'il devra s'exprimer toujours de façon logique et raisonnable. Il ne pourra plus alors associer les mots qu'en tenant compte de leur signification usuelle. Le jeu de mots, y compris le calembour, est donc, selon Freud, une technique de libération qui ressuscite le plaisir de la première enfance. Ainsi, la plaisanterie verbale sert à « réaliser le bénéfice de plaisir lié au jeu, tout en imposant silence à l'opposition de la critique[1] ».

Pour que ce résultat puisse être atteint, il faut que l'assemblage des vocables, même incohérent, conserve toujours une signification. Le calembour en est un bon exemple. Il permet de désarmer les critiques qui, au nom de la logique et de la raison, dressent un barrage contre les sources du plaisir en matière d'expression verbale. Grâce à ces astuces, le jeu divertissant devient alors permis.

En définitive, on s'aperçoit que le mot d'esprit, même s'il est inoffensif, c'est-à-dire dépourvu de toute référence aux pulsions sexuelles et agressives, n'est jamais exempt de toute espèce de tendance. Cela réduit nettement la portée de la distinction entre les deux sortes de traits spiri-

1. S. Freud, *ibid.*, p. 212.

tuels. Dans les deux cas, il s'agit toujours de s'opposer à une force d'inhibition.

On voit ainsi quelle est, selon Freud, la progression de la démarche humoristique. Au départ, il s'agit d'un simple jeu qui cherche le plaisir (d'origine enfantine) dans le libre emploi des mots et des pensées. C'est le calembour qui est le procédé le plus élémentaire.

Puis, lorsque les progrès de la raison finissent par émousser ce plaisir en faisant considérer le simple jeu de mots inoffensif comme insipide, alors l'esprit devient franchement tendancieux.

En règle générale, le jeu de mots tendancieux est celui qui procure le plaisir complet et déchaîne la plus grande hilarité[1]. L'esprit tendancieux, qu'il soit à coloration sexuelle ou agressive, fournit à une pulsion refoulée par l'éducation sociale un moyen de s'exprimer sans heurter la bienséance. Il en est de même pour la catégorie du cynisme et du blasphème qui peut aboutir d'ailleurs à la satire de soi-même. Freud choisit ici comme exemple le plaisir que certains juifs prennent à raconter des histoires dans lesquelles leurs congénères sont affublés de tel ou tel défaut comique. Il accorde une attention particulière aux contes dans lesquels l'agressivité voilée concerne les rapports entre le juif riche et le juif pauvre qui se présente comme un solliciteur, un « tapeur » faisant preuve de beaucoup de sans-gêne. Voici deux histoires citées par Freud :

Le quémandeur demande au richissime baron de l'argent pour se payer une cure à Ostende. Le baron tente de négocier sa générosité en objectant qu'il y a des stations

1 S. Freud, *ibid.*, p. 156.

moins coûteuses. Le tapeur se rengorge et, superbe, réplique : « Monsieur le baron, rien n'est trop cher pour ma santé », comme si l'argent du donateur était déjà le sien.

Dans l'autre exemple rappelé par Freud, le solliciteur rencontre un confrère qui sort de chez le baron et qui lui confie : « Inutile d'y aller aujourd'hui, il n'est pas dans un bon jour et ne m'a donné qu'un florin — Je vais tout de même le voir, répond le premier, pourquoi lui ferais-je cadeau d'un florin ? »

Le cynisme, ici, se marie à une moralité qui est la suivante, selon notre auteur : « Il n'est pas avantageux d'être un riche parmi les juifs. La misère d'autrui empêche de jouir de sa propre fortune. »

C'est ainsi que la morale traditionnelle, les fondements des croyances les plus enracinées et l'esprit de corps à l'intérieur d'un groupe social, sont implicitement mis en cause et même en échec dans ces récits plus ou moins humoristiques.

Le mécanisme du comique est ici le même que dans les deux autres catégories de mots tendancieux, celles qui se rattachent à la sexualité et à l'agressivité.

Il s'agit de donner, sous une apparence spirituelle, un moyen d'expression à une tendance refoulée. Dans cette troisième rubrique, celle du cynisme, c'est le désir de s'opposer à des principes moraux et à des valeurs considérées comme des tabous qui constitue la pulsion initiale à laquelle s'oppose la censure intérieure. Il trouve un exutoire sous le couvert de l'humour. Il en résulte un certain plaisir qui déclenche le rire.

Ainsi, en définitive, toute l'explication freudienne du mot d'esprit dans ses rapports avec l'inconscient présente une grande cohérence. Qu'il s'agisse de la démarche comique inoffensive, purement technique comme dans le calembour, ou de l'esprit tendancieux sous l'une ou l'autre de ses trois formes (sexualité, agressivité, cynisme), le rire, éclatant ou atténué en sourire, est l'extériorisation d'un sentiment de plaisir, comme devant un bon tour joué aux mécanismes psychiques faisant barrage aux tendances refoulées de la libido.

Le trait spirituel inoffensif libère les appétits de jeu s'opposant à la force inhibitrice qu'est le jugement critique. Originairement dépourvu de tendance, l'esprit « était tout d'abord un jeu. Il entre secondairement en connexion avec des tendances auxquelles aucune manifestation de la vie psychique ne saurait à la longue se soustraire[1] ». C'est ainsi qu'il vient en aide aux tendances sexuelles qui « déshabillent », comme aux tendances agressives, hostiles et cyniques.

Par le mot obscène l'esprit fait de la personne à qui l'on parle un allié devant lequel « la femme doit rougir[2] ». De même, l'esprit agressif fait de l'auditeur un complice de la haine et du mépris. Quant à l'esprit cynique il ébranle le respect dû aux règles morales et sociales auxquelles l'auditeur est censé croire.

Freud retrace l'évolution du comique de la manière suivante : « Il débute à la façon d'un jeu qui cherche son plaisir dans le libre emploi des mots et des pensées. » Puis ainsi qu'on l'a déjà dit, lorsque le jeu de mots devient insipide et que le jeu des pensées paraît absurde, l'esprit se fait

1. S. Freud, *ibid.*, p. 219.
2. Cf. *supra*, p. 109 *sq.*

plaisanterie afin de « retrouver dans le non-sens un regain de plaisir ». Ensuite, tout en restant un jeu dépourvu de tendance, le mot d'esprit « prête son concours à certaines pensées qu'il met en état de défier l'assaut du jugement critique ». Enfin, dans une étape nouvelle de son évolution, il devient franchement tendancieux, en ce sens qu'il fait cause commune avec les instincts primordiaux en lutte avec la censure pour « lever les inhibitions intrinsèques, conformément au principe du plaisir préliminaire[1] ». Mais d'où vient que le mot d'esprit fasse rire ? Freud se déclare en accord avec Spencer qui considère le rire comme un phénomène de décharge de l'excitation psychique dont l'emploi se serait d'abord heurté à un obstacle. Ainsi, « le rire se déclenche dans le cas où une somme d'énergie psychique, primitivement employée à l'investissement de certaines voies psychiques, a perdu toute utilisation, de telle sorte qu'elle peut se décharger librement[2] ».

La levée des inhibitions de la censure interne par le mot d'esprit rend donc libre l'énergie qui se dépensait en vain à lutter contre le refoulement, et cette énergie ainsi économisée et n'ayant plus son emploi habituel se décharge dans le comportement hilare.

Freud s'interroge sur les raisons pour lesquelles l'auteur du trait spirituel ne rit pas, tandis que l'auditeur, lui, laisse éclater son plaisir. Il semble que le fondateur de la psychanalyse n'ait connu que des gens bien élevés et discrets. En réalité, il arrive parfois que le joyeux drille rie plus fort que tout le monde de la facétie qu'il vient de prononcer. Mais

1. S. Freud, *op. cit.*, p. 226.
2. *Ibid.*, p. 241.

laissons Freud à cette illusion et voyons sa réponse à la question telle qu'il la pose. Si l'auteur ou le diseur du mot d'esprit ne rit point, c'est, dit-il, parce qu'il a dû dépenser son énergie pour réaliser cette trouvaille, tandis que l'auditeur, lui, se contente d'écouter.

Dans son analyse du comique, Freud cite favorablement Bergson, mais se place sur un terrain différent. Ces deux auteurs ont bien vu que le comique s'explique à partir d'un certain rapport entre la spontanéité et les contraintes. Mais, comme on l'a déjà dit, Bergson fait trop de place à la moquerie et ramène tout à un triomphe du mécanique sur le vivant.

Quant à Freud, il généralise trop le rôle du refoulement en attribuant le comique sous toutes ses formes à la joie que procurerait l'économie de forces que représente la levée de la censure ou l'art de la contourner.

En réalité, dans bien des cas, ce ne sont pas les pulsions refoulées qui sont en jeu. Le calembour qui représente le degré le plus simpliste du mot comique ou humoristique ne triomphe ni d'un refoulement du désir sexuel, ni de celui d'un désir d'agression ou de profanation. Tout simplement, il joue avec les règles du vocabulaire, il nous permet d'introduire un semblant de fantaisie dans ce qui exige en principe des conventions immuables. De même, le comique par l'absurde ne fait que mettre en question, pour rire, les principes de la raison.

En définitive, à propos de la théorie psychanalytique, on peut se demander si le relâchement d'énergie nerveuse, qui effectivement se réalise dans l'éclat de rire, a quelque rapport avec la démobilisation des forces psychiques précédemment employées à lutter contre une poussée ou contre son inhibition. N'est-il pas plus simple et plus conforme à la réalité de considérer que la gaieté et le rire ou le sourire qui la manifestent sont directement en liaison avec la spontanéité, la libération dont le comique en général fête les petites victoires.

En bref, la mécanique freudienne est moins à l'envers que la théorie bergsonienne si peu bergsonienne du rire, mais elle paraît bien compliquée, alors que la joie de vivre est un mobile fort compréhensible et suffisant.

D'autre part, le passage du mot inoffensif au mot tendancieux tel que l'envisage l'explication psychanalytique, ne paraît pas rendre compte du processus comique dans son ensemble. Les conventions sociales qui règlent la bienséance ne sont pas d'un autre ordre que celles qui régissent la rigueur du vocabulaire ou la rationalité du discours.

En d'autres termes, il n'est pas évident que le comique tendancieux (érotique, licencieux, scatologique, pervers) soit une sorte de dérivation du comique inoffensif quand celui-ci devient périmé.

Quant au mot tendancieux, il est excessif de le rattacher à une agression sexuelle. Il démontre seulement une capacité à évoquer quelque chose d'indécent, certes. Mais le risible réside ici dans le jeu avec le vocabulaire. Cela est manifeste dans les contrepèteries.

On pourrait tout aussi bien soutenir que les pulsions instinctives sont des déterminations dont on s'affranchit en les intellectualisant et le processus se rattacherait plutôt à la sublimation. Dans ces conditions, ce ne serait pas la levée d'un interdit, d'une censure qui serait la cause du rire, mais la liberté qu'on prend avec la sexualité qui est ainsi dépouillée de son aspect contraignant primitif et cède la place à un jeu d'esprit.

D'autre part, inversement, le refoulement n'est pas nécessairement une contrainte. Gaston Bachelard a très justement rectifié en ce sens la thèse freudienne. Le refoulement, dit-il, n'est pas toujours pénible. Il peut même être joyeux. L'homme qui surmonte ses pulsions instinctives peut se sentir affranchi d'une contrainte.

Ainsi, le mot d'esprit est bien un instrument libérateur comme l'a vu Freud. Mais c'est parce qu'il affirme avant tout la liberté de l'esprit et non pas nécessairement sa docilité à l'égard de la libido. Il n'en reste pas moins que le fondateur de la psychanalyse a eu le très grand mérite de trouver dans le plaisir le principe actif et fondamental du comique. C'est ce que Bergson avait peut-être un peu négligé.

On ne saurait, après les suggestions de Bergson et de Freud, passer sous silence le point de vue très original des phénoménologues, disciples de Husserl. Ceux-ci voudraient retrouver en chacun de nos actes une signification profonde. La conscience est alors présentée comme « intentionnelle » car « toute conscience est conscience de quelque chose ». Le monde, dans cette relation, est mis entre parenthèses. Et c'est la présence dans le monde qui implique un certain sens de la pensée. Ainsi, la phénoménologie est, selon Husserl, un approfondissement de notre connaissance des choses et de leur être. Elle doit nous permettre de retrouver le véritable sens de notre présence dans le monde.

C'est dans la ligne de cette philosophie originale et difficile que Francis Jeanson a voulu aborder l'étude du rire[1]. Il reproche à Bergson de fonder ses explications sur le comique présenté comme un « en-soi », c'est-à-dire quelque chose qui existerait en dehors de sa signification, contrairement à ce que prêche la méthode phénoménologique. Il faut plutôt aborder le phénomène du rire par le projet fondamental que représente l'homme dans le monde.

En fait, selon Jeanson, dans chacun de nos rires, nous exprimons notre conception générale de la vie et c'est notre rire qui confère au comique sa signification, non l'inverse. Sous sa forme générale, écrit ce disciple de Husserl, le rire constitue « une récrimination implicite de l'individu contre sa propre lâcheté à ne point assumer son rôle effectif de sujet ». Le rire, en définitive, tente de procurer au rieur l'illusion d'une existence pleine et confortable d'un « en-soi ».

Cette manière d'aborder un tel problème est sans doute abstraite et compliquée. Il faut pourtant en retenir deux importantes considérations. D'abord, il est bien exact que le rire est, d'une certaine manière, premier par rapport au comique bien que celui-ci paraisse en être la cause. On pourrait, à ce propos, reprendre la théorie du psychologue américain William James sur les émotions. Il l'exprime et la caricature même un peu en disant :

« Je ne tremble pas parce que j'ai peur, je ne pleure pas parce que je suis triste, mais j'ai peur parce que je tremble et je suis triste parce que je pleure. » En un certain sens, j'apprécie le comique parce que je ris.

1. F. Jeanson, *Signification humaine du rire,* Le Seuil, 1950.

Mais surtout, et plus sérieusement, on peut estimer qu'il n'y a pas de comique absolu, de comique en soi, mais un comique par rapport à un rieur qui le perçoit et le vit comme tel. Ce n'est d'ailleurs pas une raison pour ne point chercher à découvrir le secret du rire en examinant d'abord ce qui est comique, c'est-à-dire ce qui fait rire ou sourire.

En second lieu, il est intéressant de voir dans le rire une sorte d'illusion, si l'on se place sur le terrain métaphysique. On a dit, dans ce livre, et l'on va encore répéter à satiété que le rire est lié à une illusion de libération, plutôt qu'à une libération authentique. Il appartient a la sphère du jeu.

Cet hommage étant rendu à l'approche phénoménologique, il est bon de se tourner vers d'autres auteurs plus soucieux des réalités courantes, pour tenter de progresser dans l'explication.

La théorie de Kant est bien résumée par lui-même en une formule simple : « Le rire vient d'une attente qui se résout subitement en rien. » Ce schéma peut bien convenir à quelques traits d'esprit, mais très peu au jeu de mots.

Bergson, très judicieusement, remarque que l'inverse du processus kantien peut aussi bien être comique. Dans ce cas, c'est un grand effet qui sort d'une petite cause, contrairement à ce qu'on attendait. C'est ce qui se produit par exemple, ajoute Bergson, dans la comédie de Labiche intitulée *Un chapeau de paille d'Italie,* où l'on voit toutes sortes d'incidents de plus en plus fâcheux dériver du simple fait qu'un cheval a mangé un chapeau de paille. On pourrait citer aussi la célèbre chanson *Tout va très bien Madame la Marquise,* où l'on utilise une technique un peu différente. Là, il s'agit de causes importantes débouchant sur de petits faits, c'est-à-dire un peu ce que Kant caractérisait, à savoir la réduction à rien ou peu de chose d'une expectative intense. Mais la chanson prend le déroulement des événements en sens inverse, commençant par le plus anodin. Le valet fidèle, à qui la marquise demande des nouvelles, déclare d'abord qu'on déplore la mort d'une jument. À la question « Comment cela s'est-il produit ? », il répond que cet animal fut victime de l'incendie du château, lequel eut pour cause la mort du marquis. Et, à chaque étape de l'énumération, on entend le refrain : « Mais à part ça, Madame la Marquise, tout va très bien. » Ce qui est comique, c'est alors le contraire de l'expectative se réduisant à rien. Comme beaucoup d'autres théories, celle de Kant n'explique donc qu'une partie plutôt minime des occasions de rire.

Dans un ouvrage de grande ampleur, J.O. Hertzler[1], après avoir passé en revue les théories de Kant, Schopenhauer, Spencer, Darwin, Bergson, Freud, et MacDougall, définit le rire comme une expulsion spasmodique de la respiration avec des sons inarticulés accompagnés de mouvements des muscles faciaux. À ce titre, il représente une communication non verbale. C'est donc à la fois un acte social et un système de décharge d'énergie. Cette décharge se produit quand l'individu est soulagé après un moment d'expectative ou de tension comme l'a bien vu Kant, mais aussi à la suite d'une surprise opposant une solution inattendue à une situation. Les conditions usuelles pour lesquelles le rire se déclenche sont la liaison entre les disparités et la juxtaposition d'éléments qui ne sont

1. J.O. Hertzler, *Laughter,* Exposition Press, New York, 1970.

habituellement pas en contact, soit pour des raisons de logique, soit pour des raisons instrumentales.

Ainsi, ce qui provoque le rire, c'est surtout l'inattendu ou plus exactement ce qui brise l'ordre attendu, c'est-à-dire l'insolite et même l'absurde. Mais, ajoute Hertzler, il peut y avoir d'autres types de situations risibles, par exemple la joie, le contentement ou même la confrontation avec la réalité.

Ces réflexions sont intéressantes et n'appellent guère de réfutation. Mais elles sont plutôt descriptives qu'explicatives. Pourquoi la surprise peut-elle engendrer le même type de décharge nerveuse que le contentement ? D'autre part, s'il est vrai que l'insolite, l'inattendu, peuvent dans certains cas déchaîner le rire, on sait bien que dans d'autres cas cela provoque l'effroi, l'angoisse. Pourquoi ces identités et ces disparités ?

Mais le même auteur apporte une contribution très utile sur la fonction sociale du rire. Rien n'est risible en soi. Le comique est fonction des personnes, des groupes, des situations sociales, des cultures. Le rire est un indicateur social. On peut deviner certains traits d'une civilisation en analysant les plaisanteries qui y rencontrent du succès. La personne qui a le sens de l'humour est un agent social qui remplit ainsi une fonction dans le groupe. Mais le rire peut être aussi une manifestation de déviance, dans certains cas. Cependant, plus généralement, le comique se rattache à la convivialité. Les « fous », les bouffons, les amuseurs professionnels servent certaines valeurs sociales. Le rire est, dans l'ensemble, unificateur ; il crée une « communication libératrice ». Il est, d'autre part, un agent du contrôle social, un moyen de défense contre les critiques ou bien une censure contre les menaces au consensus. C'est d'ailleurs ce qu'avait très bien vu Bergson. Quant au sourire, il peut servir comme encouragement et signe de sympathie. Hertzler étudie aussi le rire comme facteur de changement social. En fait, il peut avoir des effets conservateurs et rénovateurs. D'un autre point de vue, l'auteur voit dans le rire un facteur d'égalisation ou, au contraire, d'accentuation des différences de classes, car les comportements peuvent varier selon les strates sociales. Le rire est saisi aussi comme thérapeutique sociale, comme moyen de revigorer le groupe, de le rendre capable de surmonter la crise ou l'oppression. Dans les systèmes totalitaires, il reste un véhicule des sentiments de révolte sourde, de désapprobation. Hertzler examine aussi le cas particulier du rire s'adressant au « bouc émissaire », qu'il s'agisse d'une personne déterminée ou d'une minorité ethnique ou sociologique, avec même des implications sadiques. Le rire peut avoir des effets de rejet ou d'inclusion à l'égard d'une collectivité. Hertzler signale encore le rire comme agent de socialisation, le rire anarchique, le rire marginal, atypique. Il consacre une étude particulière à la place du rire dans les *mass media.* Là, le rire n'est pas situé dans la participation, mais dans la recherche de l'audience qui, elle, reste dispersée, sans que puissent se produire des effets de contagion dans ce public.

Ces analyses ne manquent pas de finesse et mettent en valeur la fonction sociale du rire. Cependant là encore, on aimerait trouver non seulement un fil conducteur, mais surtout un fondement pour des critères permettant de savoir pourquoi ce phénomène se produit tantôt dans un sens, tantôt dans le sens contraire. En effet, on est frappé par le fait que, dans ces descriptions pertinentes, le rire apparaît aussi bien comme cause d'unification que de discrimination, d'approbation que de réprobation, comme signe d'adhésion ou d'éloignement. L'impression qu'on en retient, c'est que le rire peut, dans la société, servir à toute fin et à son contraire.

Cela est certainement exact. Mais cela revient à dire que l'on ne saurait trouver dans la seule analyse sociologique l'explication des fonctions sociales du rire. Il est donc plus indiqué de la chercher dans la condition humaine, celle-ci étant d'ailleurs une des raisons profondes de tout phénomène social.

Parmi les études très générales consacrées au rire, on peut, à côté du livre de Hertzler, citer celui d'Aubouin[1], qui, s'intéressant surtout aux causes du rire, considère qu'il importe de faire une nette différence entre le comique et le ridicule. Il établit aussi une importante distinction entre l'hilarité d'origine physiologique, telle que l'effet du chatouillement, et le rire intellectuel, qui résulte plus précisément du comique. Il s'efforce surtout de mettre en évidence la *vis comica,* c'est-à-dire ce qui déclenche le rire. Il énumère les différentes sortes de comique, selon qu'il émane des mots, des idées, du raisonnement, de la situation, de ce qui est visuel ou auditif, du geste, ou suivant qu'il s'alimente à plusieurs de ces sources. Il prend en considération la théorie de Kant, pour qui le comique naît d'une attente qui avorte, qui se réduit à rien. Il insiste aussi sur le caractère ludique du comique. En définitive,

1. E. Aubouin, *Technique et psychologie du comique,* Ofep, Marseille, 1948.

Aubouin aboutit à la définition suivante : « Le comique est un jeu intellectuel qui consiste dans la conciliation inattendue d'objets inconciliables ou dans la conciliation de jugements ou d'impressions inconciliables à propos d'un même objet. » « Le rire, écrit-il encore, est provoqué par la conciliation ludique de deux inconciliables[1]. » Cette théorie d'Aubouin est proche de beaucoup d'autres et ne s'éloigne pas beaucoup de celle de Kant. Le rire, en effet, ressemble souvent à une détente, et même Freud reste fidèle à cette ligne de pensée lorsqu'il y voit le fruit d'une économie d'énergie psychique et un moyen de décharger à bon marché les forces libérées par la solution d'un conflit. Mais il ne faut pas se laisser trop abuser par la simplicité et l'apparente évidence de ce type d'interprétation.

D'une part, en effet, on trouvera beaucoup de manifestations du comique n'ayant guère de rapport avec des thèmes de ce genre. Inutile même de donner ici des exemples nombreux. Une caricature est-elle la solution d'un conflit ? Le double sens d'un mot se ramène difficilement à un tel schéma.

D'autre part, et plus clairement encore, il est certain que l'attente avortée, la conciliation des inconciliables, la décharge d'une énergie psychique économisée sont loin de toujours déchaîner l'hilarité. J'attends une personne chère qui tarde. Je m'inquiète. Elle arrive enfin. Mes craintes étaient vaines. Je peux, certes, rire de contentement, de soulagement. Mais il n'y a rien là qui ressemble au comique. Pour rester plus près encore de l'explication proposée par Aubouin, prenons le cas du philosophe qui

1. *Ibid.*, p. 121.

présente la synthèse de deux théories opposées, ou celui du juge qui met d'accord deux plaideurs. Il n'y a pas là de quoi éclater de rire !

Ce n'est donc pas la conciliation des inconciliables qui est, en soi la *vis comica.* C'est autre chose qui, dans certains cas, prend la forme d'une solution du conflit. Il nous semble donc que les explications d'Aubouin et quelques autres voisines de celles-là correspondent à certains aspects du problème, mais n'en donnent pas la clef.

Cependant, Aubouin a eu raison d'insister sur la différence entre le comique et le ridicule, et c'est à juste titre qu'il reproche à Bergson d'avoir oublié cette distinction. Plus exactement, il nous semble que le ridicule entre dans le cadre plus vaste du comique, mais qu'il n'en est qu'une des formes. Le tort de Bergson est d'avoir étendu à toutes les causes du rire une explication qui convient plutôt au ridicule.

Aubouin, lui, a voulu trouver une théorie très générale ; mais il est cependant tombé dans le même travers qui conduit à prendre la partie pour le tout et à étendre au problème global ce qui s'applique à une catégorie de cas seulement. Son étude apporte une très utile contribution à la recherche d'une explication. Elle n'y met pas le point final.

Le philosophe esthéticien Charles Lalo[1] a pris en considération un ensemble de théories assez voisines qui, selon lui, peuvent se résumer à partir de deux principes : celui du contraste, et celui de la dégradation. En ce qui concerne le

1. Ch. Lalo, *Esthétique du rire,* Flammarion, 1949, p. 32 *sq.*

contraste, il reprend la définition de Kraepelin, qui rejoint presque exactement celle d'Aubouin et selon laquelle le comique est « un contraste intellectuel inattendu qui oscille en nous, avec prédominance du plaisir ». Inutile de revenir sur ce sujet. Mais, ajoute Lalo, pour qu'un contraste soit risible, « il faut qu'il soit à sens unique, en pente, attiré vers le bas, ce qui implique qu'il se pose entre données inégales et au profit de la moindre ; c'est ce qu'on appelle dégradation ». Cependant, reconnaît cet auteur, toute dégradation n'est pas risible en elle-même, tout avilissement n'est pas nécessairement réjouissant. Un être déchu, une laideur ne sont pas divertissants. La source du rire doit être cachée dans la synthèse du contraste et de la dégradation, c'est-à-dire dans la « dévaluation ».

« Contraste + dégradation = dévaluation ; telle est l'équation du rire esthétique. »

Ce n'est pas la misanthropie d'Alceste ou l'hypocrisie de Tartuffe qui est comique ; c'est leur dévaluation.

Lalo propose un bel exemple de repartie comportant trois dévaluations successives. C'est un dialogue voltairien déjà cité[1] :

« Monsieur, la religion est en train de s'en aller — Hélas, Monsieur, de quoi rirons-nous ? — Il nous reste le gouvernement — Non, Monsieur, hors de l'Église point de salut. »

Autre exemple de dévaluation cité par Lalo :

En 1946, le secret de la bombe atomique fut divulgué à l'Union soviétique, ce qui souleva dans la presse du monde entier de vives réactions. *Le Canard enchaîné,* lui, imprima sur deux colonnes ce titre : « Le plan secret du ravitaille-

1. Cf. *supra*, p. 119.

ment français livré à l'étranger », faisant allusion à un échec économique notoire. Naturellement, la caricature est une bonne illustration de ce même principe de la dévaluation.

On montrerait sans peine que, si le principe de la dévaluation éclaire un certain nombre d'effets comiques, il ne saurait servir à les expliquer tous. Dans certains calembours, c'est le mouvement inverse qu'on observe tout aussi bien. Rappelons, par exemple, la réplique de monsieur de Maurepas à la reine qui lui montrait ses souliers de vert tout uni : « Madame, je ne saurais m'étonner de voir l'uni vert à vos pieds. » Que l'on reprenne l'énumération des diverses réflexions comiques citées dans les premiers chapitres de ce livre, et l'on se convaincra aisément que ni le principe du contraste, ni celui de la dégradation, ni leur synthèse dans la dévaluation ne peuvent s'appliquer à l'ensemble.

Nous avons donc affaire, ici encore, à une explication partielle. Et, inversement, il est clair que la dévaluation n'est pas toujours comique.

Ne poursuivons pas plus avant l'examen des nombreuses théories psychologiques, sociologiques ou philosophiques du rire qui apportent toutes d'utiles contributions à la solution de ce mystère, mais n'aboutissent qu'à des vérités partielles. Il faut nécessairement remonter plus haut dans l'explication et chercher le fondement de tout le processus du rire dans ce qu'on peut appeler la nature humaine ou la condition humaine, et peut-être même plus loin : « Le rire, écrit Jean d'Ormesson, est une philosophie avortée[1]. »

1. J. d'Ormesson, *Presque rien sur presque tout*, Gallimard, 1995.

18

LA JOIE ET LE COMIQUE

Ce détour un peu long et sinueux à travers les théories n'était sans doute pas inutile. D'une part, il a permis de récolter plusieurs interprétations, définitions, explications partielles, même lorsqu'elles visent à l'universalité, qui ont en tout cas le mérite de mettre en évidence les traits saillants de telle ou telle catégorie du comique. D'autre part, on a pu ainsi mesurer à la fois la complexité du sujet et la nécessité d'en respecter l'unité.

Une promenade allant du calembour au mot d'esprit a, répétons-le encore, conduit à trouver le principe fondamental dans une victoire simulée de la liberté sur les automatismes et les déterminations.

Ici nous reviennent, comme un boomerang, deux séries d'objections qui ont été énoncées contre les autres tentatives d'explication. En d'autres termes, on pourra demander si la référence à la joie de vivre et au jeu de la libération psychologique suffit à rassembler toutes les sources du rire et si, inversement, on ne risque pas d'englober dans le même type d'explication beaucoup de processus ou de phénomènes n'ayant aucun rapport avec le rire.

Répondons d'abord à la seconde partie de cette critique.

Il est peut-être vrai que l'impression ou l'illusion d'une revanche de la liberté sur l'automatisme et les déterminations ne conduit pas toujours exactement au rire. Mais nous avons montré ailleurs[1] que, du moins, on était ainsi en droite ligne sur le chemin de la joie de vivre, et, dans des chapitres précédents, il a paru évident que la joie et la gaieté entretenaient avec le rire des rapports constants.

Un homme joyeux peut ne pas rire, ni même sourire. Mais il est dans de bonnes dispositions pour devenir plutôt hilare que morose. Qui le niera ? Inversement, la tristesse n'est que très paradoxalement et marginalement associée à la propension au rire. On peut donc, en gros, et sous réserve des exceptions confirmant la règle, établir un lien général de parenté entre le jeu de la liberté et le rire.

Il reste à montrer, ce qui est plus important encore, que tout le comique se rattache à ce même contexte. Ne reprenons pas ici l'exploration faite dans les premiers chapitres, dont on pourrait à la rigueur se contenter. Considérons la question comme réglée en ce qui concerne les jeux de mots. Mais il importe de replonger le problème du mot pour rire dans l'ambiance plus générale du comique sous toutes ses formes pour en mieux faire ressortir le principe général.

Il semble indiqué de s'adresser d'abord à ceux qui font profession de provoquer le rire, c'est-à-dire aux amuseurs.

1. J. Cazeneuve, *Psychologie de la joie,* P.L.F., et *Aimer la vie,* Le Centurion.

Pour remonter à la réaction originelle, le plus simple est d'interroger ceux qui ont affaire au public le plus spontané, à savoir les enfants. Allez donc regarder ce qui se passe dans une salle ou un jardin public lors d'une représentation de Guignol, notez les jeux de scène qui font éclater bruyamment la joie de l'auditoire, et vous aurez quelque chance de repérer le système le plus élémentaire de la fabrication du comique.

Les personnages d'abord sont des caricatures de ceux que les enfants peuvent voir dans la réalité. Guignol lui-même, son partenaire Gnafron, le gendarme et les autres marionnettes représentent, en les simplifiant et en les exagérant, des caractères typiques de l'humanité. Mais dans le déroulement de l'action où interviennent ces personnages, tout fonctionne de travers. Les quiproquos se succèdent et alternent avec les incidents imprévus et grotesques. Bref, la mécanique de la vie usuelle, mise en jeu par des êtres mi-humains mi-fabriqués, se révèle pleine d'imprévus. Guignol perd son bâton au moment où il en aurait besoin. Gnafron, un peu gris, oublie ce qu'il devait faire. Le diable intervient pour brouiller encore les cartes. Voilà bien la spontanéité et l'indétermination plaquées sur l'automatisme, et celui-ci tourné en ridicule parce qu'il a trop de ratés.

Du Guignol, passons au cinéma, et des enfants aux adultes. Les films comiques les plus cousus de gros fil blanc révèlent les mêmes procédés. Par exemple, dans la série appelée *La Panthère rose,* un détective prétentieux et maladroit ne cesse de faire le contraire de ce que la situation imposerait. C'est là encore le « ratage » incessant qui tourne en dérision l'automatisme de la conduite rationnelle. Mais ce comique est encore renforcé du fait que toutes ces gaucheries finissent par conduire à un excellent résultat. Le détective le plus incompétent réussit à merveille précisément à force de maladresses. C'est donc le comble de la dérision pour ce que serait la conduite du bon détective totalement rationnelle et bien programmée. Dans un autre film intitulé *La Chèvre,* on exploite le même thème du limier malchanceux et stupide qui finit par être le plus efficace.

On notera aussi que des amuseurs très appréciés par les jeunes se donnent à eux-mêmes des noms bien significatifs, par exemple « Les Nuls » ou encore « Les Inconnus » pour désigner une troupe qui ne demande qu'à se faire connaître.

Plus subtile est la construction d'un système qui semble fait tout exprès pour produire des conséquences imprévues ou absurdes. Dans *La Petite Hutte,* André Roussin situe sur une île déserte quelques personnages dont les rapports vont être en principe réglés par un accord et, en réalité, voués à toutes sortes de péripéties qui déchaînent le rire des spectateurs. La femme entre deux hommes, c'est une situation classique, mais l'originalité comique de la pièce tient précisément à la systématisation du trio en vase clos. C'est cela qui fait jaillir comme des éclairs joyeux tous les démentis que la vie vient apporter à une organisation trop parfaitement établie. On peut aussi obtenir des effets comiques en bousculant l'ordre du temps, qui est un des fondements de la logique. L'anachronisme a souvent été utilisé comme recette pour faire rire, au théâtre dans *La Belle Hélène* ou dans *Phi-Phi,* au cinéma dans le film *Deux Heures moins le quart avant Jésus-Christ.*

Dans le style grinçant, Eugène Ionesco parvient à mettre une note comique dans un tableau très sombre de la condition humaine. Par exemple, la dégénérescence de tous les représentants de notre espèce en pachydermes, dans sa pièce *Rhinocéros,* suit une implacable logique dans la plus évidente absence de raison.

Le principe du système clos révélant les forces de la vie non systématique est poussé à l'extrême et hisse le comique au niveau de la métaphysique dans *L'Œuf* de Félicien Marceau.

On pourrait ainsi réunir une partie notable du théâtre classique ou moderne, en partant d'Aristophane et de Plaute, et en passant par Molière et Labiche pour aller jusqu'à la comédie contemporaine, et composer un florilège illustrant cette forme comique.

Soit, dira-t-on, admettons qu'en effet une bonne partie des sourires ou des rires arrachés à l'auditoire soit imputable à ces irruptions de l'imprévisible ou de l'absurde dans la trop belle perfection de ce qui est logique ou mécanique. Il n'est tout de même pas concevable qu'inversement tout système ayant des ratés soit très hilarant. Par exemple, si ma montre, mécanisme bien conçu, est en panne, cela ne me fait absolument pas rire.

Il faut donc ajouter à la formule du système détraqué, ou de la programmation aux effets imprévisibles ou de la logique produisant l'absurde, d'autres considérations qui font passer la réaction de la simple surprise ou même de la déception au rire.

D'abord, le théâtre est, en soi, une transposition de la vie. Ce qui se passe sur la scène n'est pas la réalité quotidienne. C'est un spectacle, avec ses règles et ses conventions.

C'est pourquoi, sans doute, certains auteurs d'avant-garde ont bien tort de trop vouloir faire de la représentation un *happening,* une péripétie qui se déroule en direct dans le théâtre. Qu'il s'agisse du comique ou du tragique, on pourrait faire la même remarque.

Mais ce caractère esthétiquement artificiel du théâtre ne saurait évidemment être l'unique explication pour résoudre le problème qui vient d'être posé. Il ne suffirait pas de répondre que seules sont réjouissantes les apparitions de la liberté qui sont bénéfiques. En effet, bien souvent, les spectateurs rient lorsque, sur la scène, le personnage est tout à coup victime d'un désagrément inattendu. Par exemple, dans *L'Habit vert* de Robert de Flers et Caillavet, lorsque l'académicien, lisant son discours, déclame une lettre d'amour glissée par erreur entre les feuillets, il est, certes, frappé par un mauvais coup du sort. Cela n'empêche qu'il s'agit là, dans la pièce, d'un incident comique aux effets presque certains.

Rirait-on autant si la même mésaventure survenait dans la réalité lors d'une séance sous la Coupole ? D'abord la chose est trop invraisemblable pour qu'elle puisse se produire. Et si, par extraordinaire, cela arrivait, il est probable que l'effet serait bien plutôt celui du scandale que celui du comique.

Si l'on rit dans de telles circonstances, réelles et beaucoup plus souvent fictives dans le cadre du théâtre, c'est parce que l'entorse faite à l'ordre logique et systématique est en effet plus symbolique que réaliste. Il y a dans la comédie une tonalité générale qui dédramatise en plaçant l'action sous le signe du « comme si ». C'est l'atmosphère du Guignol sous une forme affinée et moins évidente. On en revient donc à considérer que le comique ne produit son plein effet que sur un public disposé à le bien accueillir.

C'est bien pour cela, d'ailleurs, que le rôle de l'acteur pour tirer le meilleur parti d'un bon texte est peut-être plus évident lorsqu'il s'agit de la comédie que dans le cas de la tragédie. Il arrive même que les gestes et mimiques donnent aux répliques une efficacité que le texte ne laissait pas supposer. Ainsi, Charlie Chaplin déchaînait l'hilarité dans des scénarios qui auraient paru insipides avec un autre interprète.

Dans tous les cas, le rire n'est possible que dans un contexte où, avec le consentement du spectateur, le symbole d'un triomphe de la liberté sur l'automatisme est reconnu comme essentiellement ludique. En somme, le comique ne peut exercer ses effets que s'il est perçu comme un jeu.

En ce qui concerne le rôle de l'acteur pour réaliser cette transmutation de l'incident libérateur en élément du jeu, André Roussin fournit une excellente illustration dans un de ses livres de souvenirs. L'auteur des *Œufs de l'autruche* avait imaginé, pour celui qui incarnerait le personnage du père irascible, un jeu de scène dont Pierre Fresnay ne comprenait pas bien l'utilité lorsqu'il accepta de jouer dans cette pièce appelée à un grand succès. Il demanda à l'écrivain de lui en faire la démonstration. « J'esquissai, dit André Roussin, le geste, délicat sans doute à exécuter, du personnage qui, dans une tirade emportée, se gratte machinalement le postérieur. Fresnay ne dit rien. Pendant deux ou trois répétitions, il sembla avoir oublié notre conversation. Je conclus que par son incongruité grossière ce geste le gênait (sa pudeur étant proverbiale) et je crus comprendre qu'il valait mieux ne plus en parler. Le quatrième jour, alors que je ne l'espérais plus, il fit son geste à un instant tellement inattendu et avec une telle drôlerie dans le naturel que tous ceux qui étaient là sur scène ou dans la salle explosèrent de rire. Et le public en fit autant tous les soirs, car il ne le rata jamais. Une fois accepté le principe, il avait donc étudié ce geste, l'avait répété, placé, puis nous avait laissés y renoncer pour nous mettre tous dans la condition du public qui ne devait pas l'attendre non plus. Notre éclat de rire général lui prouva que son jeu de scène était au point[1]. » Le geste imprévu et grotesque, dans cette pièce, faisait rire parce qu'il était bien évidemment un jeu sans importance mais parce qu'en même temps il révélait dans le mécanisme du père irascible une espèce de distraction, un relâchement dans tout ce qui pouvait déterminer à la fois le caractère et la situation. C'est bien encore le vivant prenant sa revanche sur l'automatisme.

Il est en effet intéressant de s'attarder un peu sur les gestes comiques, car ils témoignent, plus directement encore que les mots, de la source primitive du rire. Au cinéma, Jacques Tati a fait un usage savant et minutieux de ces procédés visuels. Par exemple, dans son film *Jour de fête,* il joue le rôle d'un facteur harcelé par une mouche. Celle-ci vient ensuite bourdonner aux oreilles des musiciens d'un orchestre villageois qui déambule sur la route. Les gesticulations de tous ces gens, en particulier celles du joueur de cymbales, sont désopilantes. Pourquoi ? Parce qu'il y a dans cette scène à la fois une rupture de la logique et un manifeste défi à ce qui est déterminé et bien réglé. Les

1. André Roussin, *Le Rideau rouge,* Albin Michel, 1982, p. 51.

musiciens continuent à exécuter le morceau et à marcher au pas, mais leurs mouvements de bras pour chasser la mouche sont comme un démenti visible à cet imperturbable défilé. Dans *Les Vacances de M. Hulot,* les vagues déplacent le seau dans lequel un personnage trempe son pinceau, et c'est le jeu entre le travail bien organisé et les facéties de la mer qui fait rire les spectateurs en montrant, là encore, une irruption de l'imprévu dans une scène qui, autrement, serait sans rebondissement et entièrement prévisible.

Plusieurs auteurs, comme cela fut dit dans les précédents chapitres, réduisent le principe du comique à une attente qui débouche sur rien. Il est tout à fait exact que beaucoup de jeux de comédie peuvent se ramener à ce schéma. Par exemple, dans la pièce *Oscar,* le personnage incarné par Louis de Funès après avoir appris toutes sortes d'infortunes qui, en quelques minutes, fondent sur lui, sur sa profession, sur sa famille, est assis, abasourdi, dans un fauteuil. C'est à ce moment que son épouse, cervelle d'oiseau, vient gravement lui annoncer une affreuse nouvelle. On s'attend au pire. Et, quand la jeune femme se décide à préciser ce grand malheur, voici ce qu'elle dit : « Le poisson rouge est mort. » La salle éclate de rire. Louis de Funès prolonge la scène par quelques minutes de mimiques et de grimaces exprimant son égarement. Et le rideau tombe sur la fin d'un acte prestement enlevé. Le sentiment d'attente avorté, c'est, en réalité, la mécanique débouchant sur l'imprévu. C'est encore le déterminisme mis en échec. Car l'attente n'est que la suite logique, l'extrapolation faite par le spectateur après une série qui se déroule d'une manière de plus en plus prévisible. On croit que tout va continuer sur le même rythme, qu'une catastrophe plus grande que les autres va couronner la succession et voilà qu'au contraire l'acte se termine sur un incident dérisoire.

Tout comme dans les bonnes recettes du théâtre et du cinéma, le même symbolisme du triomphe de la liberté sur le déterminisme se retrouve à la source des meilleures réussites des amuseurs au music-hall ou au cabaret.

Le regretté Fernand Raynaud obtenait naguère un grand succès en mimant sur scène le client qui vient acheter des œufs. On lui indique le panier des œufs ordinaires et celui des œufs cassés qui sont vendus moins chers. Après de longues discussions et des hésitations entre la meilleure qualité des premiers et l'économie que représenterait l'achat des seconds, il finit par se décider, en montrant les œufs intacts : « Cassez-m'en une douzaine. » Voici donc la logique poussée à son terme qui est absurde. C'est encore la mécanique tournée en dérision.

Le même Fernand Raynaud mimait un quidam devant un guichet de la poste. Il demandait à la téléphoniste « le 22 à Asnières ». La ligne était toujours occupée. Voyant qu'un autre demandeur obtenait facilement la communication avec l'Amérique, il réclamait le bureau de New York. De là il appelait le 22 à Asnières et l'obtenait en une seconde. Là aussi, l'absurdité résulte d'une réalité trop mécaniste.

Contre la théorie du comique ici exposée, on pourrait tirer argument de ce qu'on nomme le comique de répétition, qui est bien connu et bien exploité par les auteurs de pièces de théâtre, les acteurs, les amuseurs de toute sorte.

On peut prendre pour exemple de cette provocation au rire une scène écrite par Molière qui en inventa bien d'autres du même genre. Dans le cinquième acte du *Tartuffe,* Orgon rentre chez lui après une absence de deux jours et demande à la servante Dorine si tout va bien à la maison. On lui dit que son épouse a eu la fièvre. « Et Tartuffe ? », demande-t-il. « Tartuffe va bien. Il se porte à merveille, gros et gras, le teint frais et la bouche vermeille — Le pauvre homme ! conclut Orgon. Dorine revient alors à la maladie de l'épouse. Orgon l'interrompt en s'informant : « Et Tartuffe ? — Tartuffe a bien mangé — Le pauvre homme ! », s'exclame encore Orgon. Au total, quatre fois de suite le même type de dialogue se répète.

Faut-il en conclure qu'ici c'est le déroulement d'une sorte de mécanique qui fait rire les spectateurs ? Oui, en un sens. Mais ce qui importe, c'est surtout la bêtise d'Orgon. La répétition n'est pas comique en soi. C'est la répétition de l'absurdité qui est risible. C'est l'échec du principe rationnel. Ainsi, le comique de répétition est un mécanisme qui s'ajoute à la condamnation d'un mécanisme. Il renforce le jeu de la liberté qui ridiculise la logique.

Au terme de cette revue de quelques types du comique usité sur la scène ou sur les écrans, et en confrontant les conclusions des chapitres précédents, on aboutit à la définition suivante :

Peut être comique ce qui, sur le mode ludique, symbolise ou révèle une revanche de la liberté sur l'automatisme. Cette revanche peut prendre la forme d'une absurdité qui brise le caractère absolu de la logique, ou bien de l'imprévu qui rompt la monotonie de ce qui est programmé. Elle peut être une suite dérisoire qui met fin au mécanisme d'une succession et aux attentes qu'elle suscite. De la même façon, on peut trouver risible l'exagération d'un élément qui détruit l'équilibre trop nécessaire d'un ensemble. Dans le domaine du discours, les jeux de mots et jeux d'esprit peuvent faire sourire lorsqu'ils mettent en échec le trop constant parallélisme entre les mots ou les sons d'une part et leur sens d'autre part, ou lorsqu'ils apportent, par une réplique bien venue, un trait imprévu, une vision inattendue de la situation, bref une rupture avec le parallélisme usuel et banal du langage et de la pensée.

Cette définition, avec ses extensions, semble bien devoir recouvrir les divers aspects du comique, sans omettre la caricature, la parodie, la satire, le comique de caractère et le comique de situation.

Mais pour un esprit un peu tenté par la métaphysique, il resterait à poser la question vraiment fondamentale. Pourquoi le triomphe de la liberté, de la contingence, sur le mécanique et sur la détermination, lorsqu'il se produit dans le contexte du jeu, peut-il faire naître cette curieuse décharge musculaire qui s'appelle le rire ?

Il importe de rappeler que le rire est bien le propre de l'homme. Or, si l'on parcourt d'un regard rapide l'évolution des espèces vivantes telle que nous l'a fait connaître la science moderne, on constate que, depuis les êtres les plus frustes jusqu'aux formes les plus évoluées, la progression se traduit par une autonomie de plus en plus grande. Le code génétique se complique, et cette complexité croissante introduit une plus grande possibilité de combinaisons, c'est-à-dire une diminution de la prévisibilité des comportements. Dans la série des espèces qui conduit à la nôtre, on note d'abord la sortie du milieu aquatique. Après la phase des amphibies, puis des reptiles, les mammifères prennent la tête du mouvement vers la spécification, et, parmi eux, ce sont les primates qui manifestent les meilleures aptitudes au progrès. Dans l'ordre des primates, à côté des lémuriens et des simiens, apparaissent enfin les hominiens, c'est-à-dire ceux qui préfigurèrent notre espèce. Il y a quelque plusieurs dizaines de millions d'années, en tout cas, certains primates commençaient à présenter quelques-unes des caractéristiques essentielles de ces êtres qui allaient donner une vocation différente à la vie : des bras trop courts pour la marche à quatre pattes, une main très préhensile, un maxillaire inférieur de forme parabolique. La série des formes que les paléontologues échelonnent entre les premiers hominiens et les hommes véritables varie suivant les découvertes. On y repère actuellement les australopithèques, les archanthropes (notamment sinanthropes et pithécanthropes) et, plus près de nous encore, les paléanthropes, avec la race éphémère des néandertaliens. À ce stade, déjà, le développement cérébral atteint un volume moyen de 1 700 centimètres cubes. Enfin, l'*Homo sapiens sapiens,* l'homme véritable, apparaît, il y a au moins trente mille ans, sous les traits de l'homme de Cro-Magnon. Au cours de toute cette évolution, qui est peut-être une création continue, s'est effectué un redressement du squelette qui a permis un nouvel équilibre plaçant la boîte crânienne droite sur le corps. En même temps, la forme du visage se modifiait et tous ces changements de structure permettaient un meilleur développement du cerveau antérieur, instrument de la pensée véritable.

Que l'homme soit le résultat d'une transformation physiologique régie par les lois de la matière, ou qu'il soit le fruit d'une série de créations, c'est un problème qui ne saurait être soulevé ici, mais qui fut abordé dans un autre livre[1].

Ce qui importe, dans le cadre d'une étude sur les comportements spécifiquement humains, c'est que la série des êtres produits les uns par les autres ou créés les uns après les autres, depuis l'apparition de la vie jusqu'à celle de nos ancêtres, révèle un perfectionnement du corps en liaison directe avec l'essor du cerveau. Cela signifie que l'homme se caractérise, du point de vue biologique, par la multiplicité des liaisons nerveuses et par l'énorme capacité à concevoir des réactions variées à l'égard de situations diverses. Alors que chez les êtres frustes la réaction est seulement celle du réflexe, c'est-à-dire celle qui est automatique et prévisible, au contraire chez l'être conscient que nous sommes, elle est médiatisée par une pensée. C'est cela que l'on appelle la liberté, même si certains philosophes estiment qu'elle est une apparence.

L'homme prend conscience de lui-même et de son être dans le monde. Il porte des jugements, et son comportement, parfois automatique lorsque la situation exige un acte réflexe, peut être réfléchi, c'est-à-dire non mécanique.

Mais les psychologues et les psychanalystes n'ont pas de peine à montrer que cette relative indétermination comporte une contrepartie, qui est l'angoisse. Être libre, penser avant d'agir, prendre conscience de soi, tout cela qui nous sépare du reste de l'animalité, c'est aussi se sentir responsable et connaître l'incertitude, le doute.

Il n'est pas étonnant que l'homme se soit protégé de l'angoisse en se dotant de divers systèmes de contraintes

1. J. Cazeneuve, *La Raison d'être,* Albin Michel, 1981.

pour retrouver le relatif confort que donne à l'être vivant, avant l'éclosion de la conscience, une vie régie par les déterminations biologiques. Ce que la nature ne lui a pas donné sous forme d'instincts, de comportements innés, de simples réflexes, l'êtrc humain se l'est construit grâce à la culture, au moyen de devoirs, de règles, de règlements, de coutumes, d'usages, de rites, de croyances, de lois, de cadres logiques, de formulations verbales ou écrites.

Pris entre l'angoisse de l'autonomie et le carcan des règles naturelles, culturelles, sociales ou intellectuelles, notre destin est de chercher notre raison d'être, voire notre bonheur, en tout cas d'assumer cette condition humaine, menacée toujours de paraître inhumaine. Peut-être serait-elle difficilement supportable pour les âmes fragiles si nous n'avions pas reçu, en même temps que le devoir de la vivre, la possibilité de la jouer. Le sourire et le rire naissent de cette faculté. Elle peut, il est vrai, s'exercer sous une autre forme, qui est celle de l'art. La poésie, la littérature, la peinture, la sculpture, la musique, permettent de dépasser les contradictions, de retrouver dans la nature le souffle de la liberté. Mais, il s'agit là d'un jeu qui frôle toujours plus ou moins le tragique de l'existence et qui n'est pas irresponsable. En définitive l'art est partiellement ludique, mais il ne serait pas lui-même s'il n'était que cela. Ses visées sont plus hautes.

Pour que soit réalisée la relation entre la vie et la condition humaine qui permet le rire, il faut que soit évidente la mise entre parenthèses de toute implication avec le déroulement réel de l'existence. C'est peut-être la raison pour laquelle la voie royale du comique est, en définitive, celle qui passe par le langage. Le mot pour rire, depuis le calembour jusqu'au trait d'esprit, qui consiste à secouer la routine des significations usuelles, ne peut être que purement ludique. Les mimiques, les caricatures, les farces, les loufoqueries même, sont d'autres moyens de donner congé aux automatismes de la vie courante. On fait toujours « comme si ». Comme si la logique pouvait être oubliée un instant, comme si le geste ou le mot attendu pouvait faire place à la réplique imprévue, comme si le sens d'un mot n'était pas unique, comme si le visage d'un individu pouvait être manipulé tout en gardant son identité. En se déguisant, on fait comme si l'on pouvait être un autre que soi-même. Mais on sait bien que ces libertés prises avec les règles du langage, de la logique, de la bienséance, de la personne humaine, des habitudes et des usages sont sans conséquences. En portant sur la scène ou à l'écran ces jeux libératoires et sans angoisse, on permet une détente qui se manifeste par un autre jeu, celui des muscles du visage.

L'homme ne se libère de rien quand il rit ou sourit. Mais il se réjouit de découvrir les symboles ou les illusions qui démontrent au moins la possibilité de bousculer les déterminismes sans connaître l'angoisse. On sourit pour dire : « C'est bien joué. » On rit pour saluer un bon tour joué à la condition humaine. C'est bien la joie qui éclate, la joie de vivre, lorsqu'on fait semblant d'échapper à la contradiction de la liberté angoissante et de l'automatisme accablant.

Ainsi, le principe fondamental du rire et du sourire nous révèle tout à la fois la problématique de l'être humain et la grâce qui lui est faite d'y introduire quelque facétie.

En définitive, qu'il s'agisse de détraquer, de contourner,

de ridiculiser, de distendre ou de faire éclater les systèmes trop contraignants de la nature ou de la culture, la signification profonde du rire est toujours la même. Ses causes sont toujours les mêmes aussi, qu'on ait affaire au jeu de mots, à la caricature, à la parodie, à l'allusion libidineuse, à la bouffonnerie, à l'esprit léger ou à la grosse farce. On y retrouve les mascarades chères au carnaval et aux fêtes des tribus primitives, et même les faux nez de nos réveillons. C'est, sous mille facettes, la réalité trop bien programmée qu'on affuble d'un double sens, qu'on rend imprévisible, inattendue. C'est la liberté, la vie, qu'on fait semblant de plaquer sur le déterminisme.

Heureux celui qui sait aimer la vie en saluant d'un sourire ou d'un rire les trouvailles qui font pénétrer le jeu, c'est-à-dire l'autonomie, la liberté, dans les indispensables lois et réglementations héritées du code génétique, de la matérialité, de la logique, de la vie en société. Il ne s'agit pas de s'en affranchir vraiment, car ce serait folie, source d'angoisse ou d'insécurité. Mais quand, dans une mécanique, une pièce vient à être moins bien assujettie, quand elle peut remuer, avoir son mouvement propre, on dit qu'elle a du jeu. Il nous plaît, parfois, de trouver du jeu dans l'immense machine dont nous sommes une partie. Certes, si la pièce un peu mobile a trop de jeu, la montre ne fonctionne plus. Et si nous nous amusons à trop secouer les habitudes, les routines, les contraintes, les règles, il nous arrivera des malheurs. Mais il faut, précisément, rester dans les limites du jeu. Ce sont celles du rire. Les muscles de notre visage, plus diversifiés que ceux des autres animaux, ont aussi du jeu. Ils peuvent donc servir à autre chose qu'à la mastication. C'est pourquoi le visage qu'éclaire un sourire transcende l'animalité. Peut-être dépasse-t-il aussi la personnalité sociale de l'individu figé dans ses tâches et ses ambitions.

Une société dans laquelle on sourit beaucoup, où l'on rit un peu, sera toujours préférable à celle qui assemble des robots pensants.

Pour conserver cette aptitude à fêter les jeux du libre arbitre, souvenons-nous de notre enfance. Il n'y a là aucun sacrilège.

« Soyez comme des enfants », disait le Christ. A-t-on vu beaucoup d'enfants qui ne rient jamais, sauf s'ils sont trop malheureux ?

Le comique, c'est finalement l'un des plus plaisants chemins pour remonter un peu le temps et retrouver le charme des vertes années.

Soyons indulgents, même à ceux que rend hilares un mauvais calembour. Que cela ne nous empêche pas, si tel est notre goût, de préférer un joli mot d'esprit. Mais tout vaut mieux que d'être fermé aux attraits de la bonne humeur. Puisse surtout l'existence ne pas nous accabler de trop d'épreuves. Sachons alors en profiter pour garder longtemps la faculté d'utiliser nos zygomatiques. Saluons grâce à eux les inventions qui nous font croire à plus de liberté que nous n'en avons. Cela prouve au moins que nous avons envie d'y croire.

Il y a peut-être aussi quelque charité dans le comportement joyeux, puisqu'il est le plus contagieux. E.W. Wilcox avait raison de dire :

Riez et le monde rira avec vous
Pleurez et vous pleurerez seul.

Le rire et le sourire sont peut-être souvent, comme le pensait Bergson, des sanctions contre ceux qui manquent de sociabilité. Mais ils sont aussi, pour tous, des invitations à une certaine forme d'altruisme, s'il est vrai qu'ils peuvent rendre la condition humaine plus supportable.

Les jugements portés sur le rire en général par les penseurs et les écrivains sont très variables.

Peut-on faire de ce phénomène étrange un plus bel éloge que de le désigner comme étant « le propre de l'homme » ? Claude Aveline, dans le camp des détracteurs, s'est élevé contre cette affirmation d'une manière qui n'est peut-être pas aussi spirituelle que méchante. « Si le rire est le propre de l'homme, écrivait-il, il a rarement été plus sale[1]. » Sur le mode hygiénique, Maurice Chapelan s'exprime d'une manière peu exaltante : « Le rire est un désinfectant[2]. » Jean Cocteau, lui, était plus porté, en cette matière, à une comparaison réaliste et scabreuse : « Comme le cœur et comme le sexe, le rire procède par érection. Rien ne l'enfle qui ne l'excite. Il ne se dresse pas à volonté[3]. » Plus cordial et simple est le jugement du bon La Fontaine dans *Les Amours de Psyché* : « Le rire est ami de l'homme. »

Et des rieurs, que peut-on dire ? Mozart en a parlé le mieux du monde en déclarant : « Je me méfie de ceux qui ne rient pas. Ce ne sont pas des gens sérieux. » Jean Cocteau a fait écho à cette affirmation. « La faculté de rire aux éclats, dit-il, est preuve d'une âme excellente. Je me méfie de ceux qui évitent le rire et refusent son ouverture[4]. »

1. C. Aveline, *Avec toi-même,* Mercure de France.
2. M. Chapelan, *Lire et Écrire,* Grasset.
3. J. Cocteau, *La Difficulté d'être,* Le Rocher.
4. *Ibid.*

Il est vrai que, même s'il peut être parfois exaspérant et vulgaire, le rire est en général un encouragement à vivre. Cela se voit et se sent. Mais peut-être n'était-il pas inutile de découvrir derrière cette façade agréable une parenté secrète à la fois avec le jeu et avec la liberté. Même si le produit de ce mélange n'est que l'illusion d'une libération, rien ne peut mieux confirmer l'enracinement du rire dans ce qui est le propre de l'homme.

On ne saurait blâmer ceux qui s'esclaffent en entendant un jeu de mots et qui font grise mine à un trait d'esprit un peu sentencieux. Inversement, on a bien le droit de ne point apprécier un calembour et de lui préférer une réplique spirituelle.

En ce domaine, tous les goûts peuvent se justifier. Rira bien qui rira le dernier. Mais on pourrait conclure en rendant hommage aux hommes d'esprit qui élèvent notre condition humaine au-dessus de la matière et de ses lois pour lui faire atteindre ce qu'elle porte de plus précieux, c'est-à-dire précisément l'esprit. Les amateurs de tables tournantes en interrogent les mouvements par la formule « Esprit es-tu là ? ». Ce sont les Sacha Guitry, les Talleyrand, les Clemenceau, les La Rochefoucauld qui pourraient répondre.

La table des matières de ce livre tente de montrer qu'on suit un chemin sinueux mais bien tracé en partant du jeu de mots pour s'élever jusqu'à l'esprit.

TABLE

DU MÊME AUTEUR

ESSAIS

Psychologie de la joie, P.L.F. Prix Dumarest de l'Académie française.
Bonheur et Civilisation, Gallimard.
Aimer la vie, Le Centurion. Prix Louis-Marin.
La Raison d'être, Albin Michel. Prix de la Société d'encouragement au progrès.
La Vie dans la société moderne, Gallimard.
Le Mot pour rire, La Table ronde. Prix de l'Académie gauloise.
De l'optimisme, Fayard.
Les Hasards d'une vie, Buchet-Chastel. Grand Prix de l'essai de l'Académie française.
Et si plus rien n'était sacré, Perrin. Prix du Pélican d'or.

ÉTUDES SUR LES COMMUNICATIONS

Sociologie de la radio-télévision, P.U.F. (7e édition mise à jour).
La Grande Chance de la télévision, en collaboration avec J. Oulif, Calmann-Lévy.
Les Pouvoirs de la télévision, Gallimard.
La Société de l'ubiquité, Denoël.
Les Communications de masse, Denoël.
L'Homme téléspectateur, Denoël.
La Télévision en sept procès, Buchet-Chastel.

SOCIOLOGIE

Sociologie de Marcel Mauss, P.U.F., « Le sociologue ».
La Sociologie, en collaboration avec D. Victoroff, Denoël et Marabout.
L'Esprit, le Soi, la Société, de G.H. Mead. Traduction en collaboration avec J. Thibault et E. Kaelin, P.U.F.
Guide de l'étudiant en sociologie, en collaboration avec A. Akoun et F. Balle, P.U.F.
Sociologie du rite, P.U.F.
Dix Grandes Notions de la sociologie, Le Seuil.
Des métiers pour un sociologue, avec A. Akoun, France-Empire.
Histoire des dieux, des sociétés et des hommes, Hachette.
La Sociologie et les Sciences de la société, Retz.
La Personne et la Société, P.U.F.

ETHNOLOGIE

Les dieux dansent à Cibola, Gallimard.
Les Rites et la Condition humaine, P.U.F. Prix Teissonnière de l'Académie française.
La Mentalité archaïque, A. Colin. Prix Demolomble de l'Académie française et Prix de l'Académie des sciences morales et politiques.
Les Mythologies à travers le monde, Hachette.
Lévy-Bruhl, P.U.F.
L'Ethnologie, Larousse et le Livre de Poche. Prix Broquette-Gonin de l'Académie française.
Mauss, P.U.F., « Philosophie ».
Les Indiens zuñis, Le Rocher.

DIVERS

La Psychologie du prisonnier, P.U.F. Prix Dumarest de l'Académie française et Prix de la Société des gens de lettres.
C'est mourir beaucoup, A. Fleury.
L'Anglais dans le premier cycle Sciences humaines, en collaboration avec Adamczewski, Boulle et Jacques, P.U.F.
Cabanis, en collaboration avec C. Lehec, P.U.F.
La Philosophie médicale de Ravaisson, P.U.F.

Cet ouvrage a été réalisé par la
SOCIÉTÉ NOUVELLE FIRMIN-DIDOT
Mesnil-sur-l'Estrée
pour le compte des Éditions du Rocher
en mai 1996

Éditions du Rocher
28, rue Comte-Félix-Gastaldi
Monaco

Imprimé en France
Dépôt légal : mai 1996
CNE section commerce et industrie Monaco : 19023
N° d'impression : 34530